SANIDAD
sorprendente

DELORES WINDER CON **BILL KEITH**

CASA
CREACIÓN

La mayoría de los productos de Casa Creación están disponibles a un precio con descuento en cantidades de mayoreo para promociones de ventas, ofertas especiales, levantar fondos y atender necesidades educativas. Para más información, escriba a Casa Creación, 600 Rinehart Road, Lake Mary, Florida, 32746; o llame al teléfono (407) 333-7117 en Estados Unidos.

Sanidad sorprendente por Delores Winder y Bill Keith
Publicado por Casa Creación
Una compañía de Charisma Media
600 Rinehart Road
Lake Mary, Florida 32746
www.casacreacion.com

A menos que se indique lo contrario, todos los textos bíblicos han sido tomados de la *Santa Biblia*, Nueva Versión Internacional © 1999 por la Sociedad Bíblica Internacional. Usada con permiso.

Originally published in the USA by
D Destiny Image.
Shippensburg, PA 17257-0310
under the title:
Surprised by Healing
Copyright © 2007-Messianic Vision USA
All rights reserved.

Traducido por: Belmonte Traductores
Director de diseño: Bill Johnson

Library of Congress Control Number: 2011922080
ISBN: 978-1-61638-115-8

Impreso en los Estados Unidos de América
11 12 13 14 15 * 7 6 5 4 3 2 1

DEDICATORIA

Si el Dr. Richard Owellen no hubiera obedecido el impulso del Señor de ir a Dallas, Texas, aquel sábado, yo no estaría aquí hoy. *"Pues por falta de conocimiento mi pueblo ha sido destruido"* (Oseas 4:6). Yo no tenía conocimiento de la sanidad para el presente. La palabra de conocimiento para mi sanidad le llegó a él. Estoy agradecida por su obediencia. El Dr. Owellen ahora ya está con el Señor.

ÍNDICE

Prefacio *por Carol Gray*.. 7

Introducción *por Sid Roth* 9

Introducción *por Bill Keith* 13

Capítulo 1   La sombra de muerte.......................................17

Capítulo 2   Días de angustia...27

Capítulo 3   Extraños y maravillosos caminos....................37

Capítulo 4   Levántate y sé sana...47

Capítulo 5   Buenos tiempos, malos tiempos..................... 63

Capítulo 6   La rendición 83

Capítulo 7   El ministerio.. 97

Capítulo 8   El gran médico..111

Capítulo 9   Sanidad interior 117

Capítulo 10 Liberación..129

Capítulo 11 Sanidad y reconciliación................................137

Capítulo 12 Caminar en victoria.......................................149

El ministerio de los Winder...........................163

Apéndice: *Osteoporosis de toda la columna
vertebral con dolor intratable que requirió
cordotomías bilaterales,* por el Dr. H. Richard
Casdorph, M.D., Ph.D., F.A.C.P....................171

PREFACIO
POR CAROL GRAY

No será por la fuerza ni por ningún poder,
sino por mi Espíritu—dice el Señor Todopoderoso.
(Zacarías 4:6)

El día 30 de agosto de 1975, cuando Delores Winder asistió a una conferencia metodista sobre el Espíritu Santo en Dallas, Texas, donde Kathryn Kuhlman era la oradora, fue cuando la escritura anterior se hizo realidad en su vida. Después de haberse enfrentado a la muerte, enferma terminal con pseudoartrosis y con su cuerpo en una férula de escayola durante más de 14 años, Delores sólo buscaba recibir algo de Dios que pudiera dejar a su joven hijo Chris cuando ella muriera. Recibió la respuesta aquella noche en Dallas, y sintió la presencia misma del Dios vivo rodeándola.

Sin haber visto nunca producirse una sanidad y creyendo que la sanidad sobrenatural terminó con los apóstoles, Delores no estaba orando por un milagro de sanidad, sin embargo, tenemos un Dios que *"es poderoso para hacer todas las cosas mucho más abundantemente de lo que pedimos o entendemos"* (Efesios 3:20, RV-60), y ella fue transformada de la desesperanza a la sanidad, totalmente libre de la enfermedad que la mantenía atada.

Tan maravillosa fue la sanidad de Delores que ella apareció en el programa de televisión de Kathryn Kuhlman, *I Believe in*

Miracles [Yo creo en los milagros], y su sanidad médicamente documentada fue incluida en el libro *Real Miracles* [Milagros reales] de H. Richard Casdorph, M.D., Ph.D. (véase el Apéndice). Y a medida que lea el propio y emocionante relato de Delores en las páginas siguientes, también usted tendrá la seguridad de que para Dios ninguna enfermedad o situación es desesperanzada.

Dios tiene un plan perfecto para cada vida. Al haber rendido sus vidas a la voluntad de Dios, Bill y Delores formaron Fellowship Foundation, Inc. y han sido usados poderosamente en un ministerio de salvación y sanidad que ha alcanzado todo este país y también otras naciones.

Dios no hace acepción de personas, y lo que Él hizo por Delores lo hará por usted. Recuerde siempre que el gozo viene en la mañana; porque a pesar de cuál sea la necesidad que pueda usted estar afrontando, Dios está con usted, ¡y no hay nada imposible para Él!

—CAROL GRAY
FUNDACIÓN KATHRYN KUHLMAN

INTRODUCCIÓN
POR *SID ROTH*

LEVÁNTATE Y ANDA

He investigado milagros apasionadamente durante más de treinta años. Sin duda alguna, Delores Winder recibió uno de los mayores milagros de sanidad verificados del siglo XX. Milagros como éste eran *normales* cuando Jesús caminaba en la tierra. Tristemente, en la actualidad es todo menos la norma. Eso está a punto de cambiar.

Dios está levantando una nueva generación como Juan el Bautista, quien caminaba *"con el espíritu y el poder de Elías"* (Lucas 1:17). Justamente *"antes que llegue el día del Señor, día grande y terrible"* (Malaquías 4:5), Elías se levantará y *"preparará un pueblo bien dispuesto para recibir al Señor"* (Lucas 1:17). Esta generación de Elías *"hará que los padres se reconcilien con sus hijos y los hijos con sus padres..."* (Malaquías 4:6).

Pablo llama al pueblo judío los *"padres"* (Romanos 9:5). Si los padres representan al pueblo judío, entonces es obvio quiénes son los hijos. Son los cristianos.

Yo creo que la generación de Elías nacerá cuando judíos y gentiles se reúnan en el Mesías Jesús como "un nuevo hombre" (véase Efesios 2:14-15). Cuando el antiguo ADN espiritual judío se funda con el ADN espiritual de los gentiles del nuevo pacto, los milagros aumentarán a fin de alcanzar a los judíos con las

Buenas Nuevas. En 1 Corintios 1:22 leemos: *"Porque los judíos piden señales"* (RV-60).

Nosotros estamos en la plenitud de la era gentil. Pablo dice en Romanos 11:25 que *"ha acontecido a Israel endurecimiento en parte, hasta que haya entrado la plenitud de los gentiles"* (RV-60). ¿Y qué sucede en la plenitud de la era de los gentiles? *"todo Israel será salvo"* (Romanos 11:26). ¿Cómo será salvo todo Israel? Según Pablo, será cuando los cristianos gentiles provoquen a celos al pueblo judío (véase Romanos 11:11). Ya que *"los judíos piden señales"*, el modo de provocarlos a celos es mediante una demostración de milagros.

Kathryn Kuhlman "una cristiana *normal* que se movía en milagros" previó un día en que los cristianos *normales* irían a hospitales y los dejarían vacíos.

William Branham también vio llegar eso. Él fue el profeta más preciso del siglo XX. Tuvo una visión de una carpa gigante; cojos, ciegos y sordos entraban en la carpa con sus enfermedades y salían de ella siendo sanados al instante.

Estamos entrando en un período en la Historia en que el cristiano promedio se moverá en poder sobrenatural. Eso producirá el cumplimiento de las palabras de Jesús: *"las obras que yo hago también él las hará, y aun las hará mayores"* (Juan 14:12). Prepárese para las obras mayores.

A medida que lea sobre este increíble milagro verificado de Delores Winder, creo que el Espíritu Santo hará brotar dentro de usted el deseo de convertirse en un cristiano *normal*. También espero que muchos de ustedes reciban sanidad en sus cuerpos debido al poder del testimonio. La unción de milagros de sanidad literalmente saltará desde las páginas.

Prepárese para ser parte de la generación de Elías "el nuevo hombre" y para moverse en lo milagroso. Como le dijo Mardoqueo a Ester (un tipo de la Iglesia de los últimos tiempos):

¡Quién sabe si no has llegado al trono precisamente para un momento como éste! (Ester 4:14).

—Sid Roth,
Presentador del programa de televisión
It´s Supernatural!

INTRODUCCIÓN
POR BILL KEITH

El Señor tu Dios está en medio de ti como guerrero victorioso.
Se deleitará en ti con gozo,
te renovará con su amor,
se alegrará por ti con cantos.

(Sofonías 3:17)

Delores Winder sufrió como víctima de una enfermedad incurable durante diecinueve años y medio. Soportó una enfermedad conocida como pseudoartrosis, para la cual no hay cura médica conocida. Esa enfermedad evitaba que los huesos absorbieran los elementos del flujo sanguíneo que son esenciales para una buena salud, y causaba que sus huesos se volviesen secos y frágiles. El resultado final de la enfermedad es el desarrollo de una aguda osteoporosis, enfermedad que normalmente ocurre en personas de edad avanzada. Durante 15 años, la actividad de Delores se vio gravemente restringida por la férula de escayola que llevaba en su cuerpo, que se utilizaba para sostener su columna vertebral en deterioro.

Una serie de médicos y cirujanos se esforzaron valientemente para ayudar a Delores durante los diecinueve años y medio de su enfermedad. Como intentos de arreglar sus vértebras para que ella pudiera sentarse, caminar y desempeñar una vida normal, los médicos realizaron cuatro fusiones espinales. Cada fusión se mantuvo durante un tiempo, pero finalmente fracasó debido a que su enfermedad física seguía deteriorándola.

Debido a ese deterioro, Delores sufría constante dolor y requería dosis cada vez más elevadas de analgésicos a fin de poder realizar incluso las tareas más sencillas. Durante años vivió con tranquilizantes y analgésicos, pero a medida que se acercaba a la muerte, ni siquiera los analgésicos le producían alivio.

Finalmente, cuando ninguna intervención médica ayudaba a Delores, los cirujanos realizaron dos cordotomías percutáneas: operaciones quirúrgicas que destruyen los nervios vertebrales. Son operaciones reservadas para pacientes terminales, para aliviar su dolor.

Los cirujanos explicaron a Delores que una vez realizadas las cordotomías, las operaciones serían irreversibles. Le dijeron que perdería permanentemente la sensibilidad en la mayor parte de su cuerpo, dando como resultado su incapacidad de sentir una quemadura o un corte en su cuerpo. También perdería el control de sus funciones corporales. Obviamente, aquella no era una operación que uno escogería a menos que tuviera un grave dolor y estuviera cerca de la muerte. Los cirujanos realizaron una primera y después una segunda cordotomía, quemando los centros nerviosos y cortando segmentos de la espina dorsal. El dolor de Delores quedó aliviado debido a que perdió la sensibilidad en la mayor parte de su cuerpo.

A medida que su enfermedad alcanzaba sus etapas finales, uno de los riñones de Delores falló y el otro se infectó gravemente. Su esófago se había herniado, y sus intestinos no se habían movido en semanas. Su sistema cardiopulmonar estaba cerca del colapso.

Cuando Delores y su esposo, Bill, comenzaron a hacer los preparativos para su funeral, Dios se movió en su vida. Durante un período de 15 minutos el día 30 agosto de 1975, mientras asistía a una conferencia metodista sobre el Espíritu Santo en Dallas, Texas, donde Kathryn Kuhlman estaba ministrando, Dios sanó completamente a Delores Winder. Después de ese milagro, Dios llamó a Delores a ministrar sanidad espiritual, emocional y física a su pueblo.

La historia de Delores Winder le hará reír y le hará llorar. Seguir su ministerio por toda América es como caminar por un nuevo capítulo del libro de Hechos. Su sanidad de la enfermedad terminal fue, sin duda alguna, uno de los mayores milagros del siglo XX. *Sanidad sorprendente* es su historia. Que sea utilizada para poner en libertad a miles de personas de su atadura a la enfermedad y al pecado.

—Bill Keith

Capítulo 1

LA SOMBRA DE MUERTE

Aunque ande en valle de sombra de muerte,
No temeré mal alguno,
porque tú estarás conmigo . . .
(Salmo 23:4, RV-60)

Los médicos me dijeron que iba a morir. Había estado enferma durante diecinueve años y medio, y cada minuto de ese período se mostraba en mi cuerpo. Había paralizado el Día del Juicio durante casi dos décadas, pero mi tiempo se terminaba. Después de todos esos años de enfermedad y dolor, había comenzado a esperar que lo que haría mi enfermedad sería matarme. Morir sería fácil; soportar más dolor era impensable.

Durante meses, la muerte me había asolado, proyectando su sombra sobre mi consumido cuerpo. Muchas personas creen verdaderamente que vivirán para siempre, pero yo tenía que aceptar el hecho de que para siempre era algo que yo no podía ofrecer ya a nadie.

Mi vida durante aquellos diecinueve años y medio había sido una vista previa del infierno. Gracias a Dios que yo era cristiana y sabía que iría al cielo, donde finalmente sería libre de la férula de escayola de mi cuerpo y el collarín que me sostenían. Sería libre de hospitales, operaciones, dolor, medicación y libre de todo tormento. Libre para volver a caminar y a correr.

A veces yo soñaba en voz alta: "Quizá, Dios, ¡volveré a tener sensibilidad en mis piernas, y en mis brazos y mi cuerpo! Oh, sería estupendo volver a sentir los brazos de alguien alrededor de mí. Quizá los brazos de Jesús". Me preguntaba lo que sería ir sola a algún lugar. Uno olvida la libertad después de diecinueve años y medio de ser un inválido.

Mi esposo Bill y nuestro hijo adolescente Chris eran amables conmigo y útiles. Nuestro hijo casado, Doug, su esposa Ann, y nuestros tres nietos vivían cerca y me ayudaban mucho. Ellos eran la bondad y el amor personificados, pero habría sido maravilloso volver a hacer algo por mí misma. La reclusión de mi enfermedad había sido difícil para mí porque yo había sido ferozmente independiente y activa.

Una enfermedad incurable

Mis médicos denominaban mi enfermedad, que había comenzado en 1956, *pseudoartrosis*, y me dijeron que no había cura conocida ni ningún modo de detener su progresión. La única opción era vivir y morir con ella. Me explicaron que el flujo sanguíneo de una persona sana contiene todo lo necesario para mantener fuertes los huesos, pero en mi caso, mis huesos no absorbían lo que necesitaban de mi flujo sanguíneo. Como resultado, desarrollé una osteoporosis avanzada que causaba que mis huesos se volviesen viejos y frágiles mucho antes de su tiempo.

Fui hospitalizada desde enero hasta abril de 1957, cuando los médicos descubrieron que la osteoporosis estaba haciendo que los huesos de mi espalda se deteriorasen. Durante mi estancia en el hospital, los cirujanos realizaron la primera de mis fusiones espinales, una operación que tenía la intención de mantener en su lugar mis quebradizas vértebras. Los médicos utilizaron hueso para la fusión tomándolo del hueso más largo de los dos de mi pierna. Me pusieron una férula de escayola para sostener mi columna vertebral y me dijeron que nunca podría volver a estar sin ella.

Sin embargo, ni siquiera la férula proporcionaba el apoyo suficiente, y tenía que caminar inclinada para evitar que mi columna vertebral se quedase enganchada en algunas espuelas óseas que se habían desarrollado en los puntos de la fusión espinal. Si no tenía cuidado, esas espuelas tirarían de más vértebras en mi espalda ya debilitada.

Bill me construyó una abrazadera especial de acero para que tuviese apoyo. Funcionó durante un tiempo, pero tenía que llevarla por fuera de mi ropa. Los apoyos de acero sobresalían por los lados, y mientras yo caminaba por la casa, Bill, Chris y nuestro amigo John Andrews colgaban paños de cocina al final de mi abrazadera, para aliviar la tensión. Todos nos reíamos.

Alguien una vez preguntó a uno de mis amigos: "¿Cómo pudiste ser tan cruel como para bromear sobre la enfermedad de Delores?".

"Es la única manera en que podríamos vivir con ello", respondió el amigo. Bill con frecuencia bromeaba sobre darme de comer pegamento para mantener mi cuerpo unido. Bill y Chris preguntaban: "¿Cuánto pegamento crees que sería necesario para mantener a mamá?". Mi querido y maravilloso Bill, que estuvo fielmente a mi lado durante aquellos dolorosos años, dijo en una ocasión: "Tenemos que bromear al respecto para evitar llorar".

Cirugías y más cirugías

Después de la fusión espinal, nuestra familia tuvo que realizar muchos ajustes. Yo no podía conducir nuestro auto porque el médico me dijo que incluso pisar el pedal del freno podría enviar una conmoción a mi espalda y romper más vértebras.

Pero en ese punto de mi enfermedad, yo aún podía cuidar de mi familia.

Me las arreglé bastante bien durante dos años y medio, hasta que la primera fusión se rompió. Los médicos entonces repitieron la fusión utilizando injerto de la otra pierna, y me pusieron una férula de escayola desde debajo de mis brazos hasta mis piernas. Durante los siguientes 15 años, los médicos realizarían otras dos fusiones espinales.

Debido a que ninguna de las tres fusiones previas permaneció, los médicos decidieron realizar la cuarta por la parte delantera. Esa fusión frontal era un intento de unir mi despedazado hueso a la parte frontal de las vértebras. La cirugía era sencillamente increíble. Una vez hecha la incisión, los cirujanos tenían que apartar todos los órganos vitales en la zona a fin de insertar el hueso. Después de fundir el hueso, volvieron a poner todos mis órganos en su lugar y cerraron la incisión. Una enfermera en el hospital me dijo después que el médico le ordenó que comprobase mi estado cada hora después de la cirugía, diciendo que "él no quería que estuviese tumbada muerta en una cama de hospital".

La fusión frontal me sostuvo durante un breve período, y después mi enfermedad empeoró rápidamente. El dolor se volvió insoportable. El siguiente paso de los médicos fue realizar una cordotomía percutánea, una operación que controlaría el dolor, pero que normalmente estaba reservada para pacientes terminales.

Antes de la cordotomía, los médicos me dieron una clara explicación de lo que significaba la operación. Me dijeron que *cordotomía percutánea* significa literalmente quemar los centros nerviosos de la columna vertebral y que, una vez destruidos, los centros nerviosos no podrían volver a ser restaurados. Esa operación tendría consecuencias permanentes.

Aunque los médicos intentaron no ser directos al respecto, la implicación innegable era que la cordotomía iba a realizarse porque no había esperanza alguna de curar mi enfermedad; yo me estaba muriendo. La cordotomía me produciría cierto alivio durante las etapas finales de mi enfermedad.

Los cirujanos también explicaron con detalle que la operación implicaría quemar al menos seis segmentos de columna vertebral por encima del origen del dolor. A fin de lograr un completo alivio del dolor, todo el tracto espinotalámico lateral tendría que ser quemado. Si no se hacía, el dolor permanecería.

No me abrieron para realizar la operación, sino simplemente insertaron una aguja por mi piel y después llegaron a la columna vertebral utilizando rayos X como guía. Los médicos entonces quemaron literalmente los centros nerviosos, destruyéndolos por completo. La operación fue un gran éxito porque el dolor se fue, pero después yo no tenía sensibilidad alguna desde el cuello para abajo en todo mi lado derecho. Como resultado, no podía levantar mi pie del piso, sin embargo, era capaz de caminar un poco arrastrando mis piernas.

A lo largo del siguiente año y medio, el dolor aumentó tanto en el lado izquierdo del cuerpo que los médicos decidieron realizar otra cordotomía. Una vez más, me explicaron que cuando los centros nerviosos del lado izquierdo del cuerpo fueran destruidos, la operación sería irreversible y las funciones nerviosas no podrían restaurarse.

Una vez más operaron la columna vertebral, quemando todos los centros nerviosos de mi lado izquierdo, tan arriba en la columna como pudieron: unas tres pulgadas por encima de mi cintura. No podían subir más porque mi corazón y mis pulmones estaban en muy mal estado por haber llevado la férula de escayola todos aquellos años, y también porque mi cuerpo estaba débil debido a la inactividad. La segunda cordotomía también fue un gran éxito; yo no sentía dolor en el lado izquierdo en las áreas que estaban adormecidas; sin embargo, seguía sintiendo dolor en otras partes del cuerpo.

Cuando uno intenta caminar con cordotomías bilaterales que afectan a ambas piernas, tiene que observar los pies con mucha atención. El cerebro tiene que decirles a las piernas que se muevan, ya que no hay sensibilidad en los pies. No puedes levantar los pies, pero puedes arrastrarlos. Los médicos ni siquiera sabían que una persona con dos cordotomías pudiera arrastrarlos hasta que me vieron hacerlo.

El cirujano me dijo: "Delores, probablemente estará usted en silla de ruedas desde ahora en adelante, porque nunca hemos sabido que ninguna persona con dos cordotomías pueda volver a caminar". El día después de la segunda cordotomía, les dije a mis médicos: "Quiero levantarme; voy a caminar". Y "caminé" a mi estilo, arrastrando los pies.

Eso sí es hablar de las cadenas con las que Satanás rodea: todo mi cuerpo tenía la firma de Satanás sobre él. Y cuando él mete a alguien en una trampa, no tiene intención alguna de soltarle.

Un espíritu enfermo

Junto con todos mis problemas físicos, también tenía un problema espiritual del cual era consciente. Claro, yo conocía a Jesús, pero Él estaba en el cielo. Y conocía sobre Satanás, pero yo creía que él estaba en el infierno. Yo leía mi Biblia y decía que creía que era la Palabra de Dios infalible; sabía que era la verdad. Sin embargo, debido a lo que me habían enseñado en la iglesia, situaba la enfermedad y la liberación en la era de los apóstoles. Yo creía que esas cosas "no eran para el presente". La única vez que había oído el término *Espíritu Santo* era cuando recitábamos el Credo de los apóstoles en la iglesia; y había pasado mucho tiempo desde que yo había podido ir a la iglesia.

Aunque yo sabía que era cristiana y que iría al cielo, siempre parecía estar buscando algo más. Antes de que comenzara mi enfermedad, mi esposo Bill y yo trabajábamos con los jóvenes en nuestra iglesia metodista. Era muy frustrante cuando aquellos muchachos acudían a mí con problemas para los cuales no parecía haber respuestas. Tan sólo los alentábamos a que intentaran ser buenos, asistieran a la iglesia e hicieran todo lo que pudiesen. Les decíamos: "Oraremos por ti", pero nunca decíamos: "Oraremos contigo". Un día yo clamé: "Querido Dios, ¡debe de haber algo más que esto para poder darles a estos jóvenes!".

Nuestro ministro tampoco tenía ninguna respuesta. Cuando estaba visitándonos un día, le pregunté: "¿Qué más hay?".

"¿Qué quieres decir con eso?", preguntó él.

"¿Dónde se fue la emoción de ser cristiano?", pregunté yo.

"Delores, siempre estás detrás de algo que no tienes", respondió él.

Me inquietaba cuando leía la Biblia y veía que los cristianos del Nuevo Testamento estaban emocionados, pero ahí estábamos nosotros realizando nuestras "tareas" cristianas y nunca sucedía nada. Día tras día, yo leía la Biblia y pensaba: "¡No habría sido bonito haber vivido cuando Jesús caminaba en esta tierra? Sucedían muchas cosas. ¿Fueron sólo para aquellos tres breves años de su ministerio, y para los discípulos y apóstoles que habían caminado con Él? Cuando Él estaba aquí, había milagros. ¿Por qué?".

Yo sentía como si tuviera un rompecabezas gigante de cristianismo al que le faltaba una gran pieza, y nadie "ni siquiera mi ministro" podría decirme cuál era la pieza que faltaba.

Una sentencia de muerte bienvenida

En la primavera de 1975 regresé al hospital. Se había vuelto una batalla continua solamente mantener mi cuerpo en funcionamiento. Uno de mis riñones se había cerrado y el otro tenía una constante infección. Mis intestinos no se habían movido en varias semanas, y mi estómago me había molestado desde la primera vez que me puse la férula de escayola 15 años antes. Además, mi esófago se había herniado.

Mis médicos me mantenían sedada todo el tiempo en un intento por matar el dolor cada vez mayor, pero no estaba funcionando bien. Cuando el dolor se volvió insoportable, ellos me dieron analgésicos más fuertes. Yo vivía de pastillas para tranquilizarme, pastillas para mi esófago herniado, pastillas para mi estómago, pastillas para mis riñones, pastillas para mi corazón, pastillas para la presión sanguínea y pastillas para dormir. Todo mi mundo parecía girar en torno a aquellos pequeños botes de pastillas.

Lo único que podía comer eran tostadas sin mantequilla, una taza de té, un pequeño pedazo de pollo asado, y sopa de pollo instantánea de paquete. No es sorprendente que el peso de mi cuerpo inválido hubiera caído hasta los 33 kilos. Los médicos me pidieron que regresara al hospital para realizar algunos análisis adicionales y decidir si había algo más que pudiera hacerse por mí médicamente.

El Dr. I.L. Van Zandt, quien me había tratado durante nueve años, era un hombre muy compasivo. Nos hicimos buenos amigos. Él había pasado por muchos traumas en su propia vida, y con frecuencia compartía sus sentimientos conmigo. Él descubrió que yo era buena para escuchar. ¿Por qué no? No había mucho más que yo pudiera hacer; pero Van y los otros médicos habían perdido la esperanza; ellos sabían que yo me estaba muriendo y que era solamente cuestión de tiempo.

Mis médicos tenían corazones amables. Antes de perder la esperanza, decidieron llamar a otro neurocirujano para ver si había algo más que pudiera hacerse por mí. El neurocirujano me examinó detalladamente y le dijo a Van que había llegado el momento de que mi cuerpo muriese.

Fue la desagradable tarea de Van decirme los resultados de los análisis finales que había realizado el neurocirujano. Él le había dicho a Van que el cuerpo de una persona sólo puede tolerar cierta cantidad de enfermedad y dolor. Van realmente no tenía que decirme los resultados de los análisis. Una persona sabe cuándo su cuerpo se está muriendo. Yo en realidad lo esperaba.

Van entró en mi habitación, se acercó a la cama y dijo: "Delores, lo siento. No hay nada más que se pueda hacer". Yo miré a aquel amable médico e intenté sonreír. "Su cuerpo ya ha soportado todo lo que podía; es momento de morir", dijo él con una expresión triste y consternada en su rostro.

"Doctor Van. No lo sienta —le dije yo—. Pronto voy a estar fuera de este infierno y seré libre. Es oficial y me alegro".

"Delores, haría cualquier cosa en el mundo para que usted se pusiera bien, y no puedo hacer nada", dijo él. Entonces, tras una larga pausa, añadió: "Incluso el tejido de su espalda se está desgarrando".

Él me explicó que algunos de los músculos de mi espalda habían descendido y causado que mis intestinos dejarán de funcionar. Mi cuerpo se estaba preparando para la muerte. Entonces él se fue. Durante los días siguientes intenté ajustarme a la idea de morir pronto.

La segunda semana de julio después de que Chris cumpliese catorce años, planeamos detalladamente mi funeral. Yo catalogué mis joyas y las pequeñas cosas que quería dejar a mis seres queridos. Casi lo único que me quedaba era esperar.

A excepción de un pequeño problema.

Capítulo 2

DÍAS DE ANGUSTIA

El Señor omnipotente es mi fuerza;
da a mis pies la ligereza de una gacela
y me hace caminar por las alturas.

(Habacuc 3:19)

Antes de que Bill nos trasladase a Texas en 1958, Dios nos había dado un bebé. Ya teníamos a nuestros hijos adolescentes, Doug y Mike, y no habíamos esperado que nuestra familia aumentase.

Mientras vivíamos en Oregon, Dios obró en circunstancias que me permitieron llegar a familiarizarme con cierta mujer. Una madrugada alrededor de las dos, ella me llamó por teléfono y estaba llorando.

"Delores, voy a tener un bebé", me dijo sollozando.

"Bueno, eso no es tan malo "respondí yo"; sucede todo el tiempo".

"Pero no puedo quedarme con él; no puedo criar al niño "dijo ella". Quiero que este niño esté en el mejor hogar cristiano que conozco, y es el de Bill y tú. ¿Querrán quedarse con él bebé?".

"Claro, desde luego", respondí yo.

Hablamos durante otra hora, y después colgué el teléfono y me preparé para volver a dormir.

"¿Quién era?", preguntó Bill, y se lo dije.

"¿Qué quería?", preguntó.

"Entregarnos un bebé", dije yo.

"Ah", dijo él, y se dio la vuelta en la cama para volver a dormir.

Unos minutos después, se incorporó en la cama y gritó: "¿Qué has dicho?".

"Olvídalo, Bill 'respondí'; ella acaba de enterarse de que está embarazada y quiere que nos quedemos con el bebé, pero después decidirá quedárselo.

Pero desde ese momento en adelante era nuestro bebé. Cuando mi amiga hablaba del niño que llevaba en su vientre, se refería a él como "tu bebé". Ella se desligaba por completo del niño porque sabía que no podía quedarse con él.

Antes de que naciera el bebé, acordamos que el juez otorgase la adopción porque un niño de acogida había estado muy bien en nuestro hogar.

El bebé era precioso. Inmediatamente le amamos como propio. Le pusimos el nombre de *Christopher*, que significa "portador de Cristo". Qué apropiado fue ese nombre, porque él fue el instrumento de la luz de Dios en mi vida. Poco después de la adopción, Bill decidió que nos trasladaríamos a Arlington, Texas.

El impacto en nuestro hijo

El día después de salir para Texas, supe que mi fusión se había roto. Los médicos me habían dicho que si la fusión se rompía, yo no podría caminar. Si no podía caminar, ¿cómo podía ocuparme de mi familia, en particular del pequeño Chris? Había sólo un ligero dolor de espalda, pero yo sabía que la fusión estaba rota; sin embargo, seguí caminando.

Lo primero que hicimos cuando llegamos a Texas fue buscar un médico, y él confirmó que la fusión se había quebrado. Aunque el pequeño Chris tenía menos de tres meses de edad, el médico me recetó una medicación experimental durante siete meses, esperando que la fusión se arreglase. A lo largo de los siete meses, fue necesario que otras personas se ocuparan de nuestro nuevo bebé. Gracias a Dios por buenos vecinos y por la familia.

Antes de entrar en el hospital para la segunda fusión, oré: "Dios, ayúdame a soportar esto". Él lo hizo. Dios, que oye nuestras oraciones y nos responde, me dio exactamente lo que le había pedido. No era culpa de Dios que yo no supiera lo que la Palabra decía sobre sus promesas de sanar mi cuerpo. Después de todo, yo había leído la Biblia, había enseñado escuela dominical durante muchos años y había crecido en la iglesia. Yo no era tonta; simplemente estaba ciega a la verdad de la Palabra.

La segunda fusión demostró no ser la respuesta, porque tuvieron que ponerme una férula de escayola con más restricciones y más dolor.

Ahora estaba la tristeza añadida de tener un niño de apenas un año de edad y no ser capaz de ocuparme de él. Fue en ese punto donde comencé a cuestionar a Dios.

Le preguntaba: "¿Por qué, Dios? ¿Por qué nos diste este niño? Él se ha pasado tres meses con abuelos que ni siquiera conocía, a la vez que lloraba por mí y no entendía por qué le abandoné".

Sin embargo, aquello fue sólo el comienzo para Chris. Tendría que soportar años y años de ese tipo de vida. Había muchas personas que le ayudaban y le decían qué hacer, pero todas ellas tenían diferentes ideas sobre lo que era correcto. Él no entendía lo que estaba sucediendo, y se ponía nervioso, ansioso e inseguro tanto de sí mismo como de nosotros. Yo también me volví insegura y repetidamente preguntaba: "Dios, ¿dónde estás?".

Desgracia fue lo único que el pequeño Chris conoció durante los primeros cinco años de su vida. Veía a su madre en la cama, siempre sufriendo, con botes de pastillas por todas partes. Chris nunca me conoció sin la férula de escayola.

Razones para vivir

A medida que pasaron los años, logramos cierta semblanza de una vida familiar normal. Yo podía levantarme un poco de la cama y Bill podía ir a trabajar. Nuestra buena amiga y vecina, Betty, pasaba tiempo con Chris y yo, y enseñaba a Chris a hacer dibujos. Betty era japonesa; ella fue una gran bendición para nosotros con su naturaleza tranquila y amorosa.

A medida que el dolor empeoraba, el Dr. Mycoskie, mi primer médico en Arlington, comenzó a inyectarme en la columna. A veces su enfermera salía al estacionamiento y me ponía una inyección de Demerol para que pudiera calmarme lo bastante para permitirme salir del auto y llegar a la consulta. Si yo intentaba aguantar algún día mucho tiempo para recibir las inyecciones de Demerol, lo pagaba caro con mayor dolor.

Un día me di cuenta de que mis piernas se estaban adormeciendo. No dije nada al respecto pero supe que nuestro período de estabilidad familiar estaba a punto de terminar. El dolor era tan intenso que Bill tuvo que improvisar una cama para mí.

Tomó una vieja camilla del ejército, la desmontó y después utilizó tiras situadas de modo que mi columna vertebral estuviera lo más libre posible, sin tocar nada.

La nueva cama, junto con el aumento de las inyecciones arriba y abajo de la zona vertebral, proporcionaron cierta comodidad, pero ni siquiera eso duró.

Era un círculo vicioso de dolor, hospitales, facturas, preocupación por Chris, preguntarme cuánto tiempo podría continuar, y después saber finalmente que el fin se acercaba. Un día, después de mi última visita al hospital en 1975, estaba hablando con mi vecina Betty sobre morir. Ella me dijo: "No, tienes una gran capacidad en ti. No lo entiendo, pero no morirás". Yo estaba demasiado agotada para decirle que lo único que quería era irme al cielo y ser libre del sufrimiento de esta vida.

Nuestro ministro metodista ya no iba a verme, pero para ser justos, ¿quién no se habría cansado de mi situación desesperada? Un ministro presbiteriano siguió visitándome regularmente, y trató de darnos tanto consuelo como fuera posible. Él se convirtió en mi nuevo pastor, y yo quería que él predicase en mi funeral.

Pero pensamientos de Chris seguían pasando por mi mente, y me encontraba pensando: "Dios, tan sólo un año más y quizá él será lo bastante mayor para sobrevivir". Yo seguía obteniendo lo que pedía: un año más cada vez. De hecho, siempre obtuve lo que le pedí a Dios; pero aquello era lo único que pedía, lo único que sabía pedir.

Atrapada en una trampa

A veces, luchar por la vida era muy doloroso y parecía inútil; pero entonces el pensamiento de nuestro joven Chris preparándose para perder a su madre hacía que tuviera otra vez ganas de luchar. Finalmente, la lucha casi había acabado. Cuando los médicos me dijeron que mi corazón había dejado de latir durante la cirugía frontal, pensé: "¿Por qué no morí?". Otras veces pensaba: "Dios, estoy atrapada en una trampa. ¿Cuál es la respuesta? No puedo vivir con este dolor, y no puedo morir".

Desde luego, la respuesta era sencilla: Jesús sana. Pero nadie me había hablado de eso. Yo creía al Señor para mi salvación y sabía que Él me ayudaría en las situaciones difíciles, pero las iglesias a las que asistimos nos habían enseñado que la sanidad había sido para la era apostólica. Nos enseñaron que en la actualidad la sanidad llega mediante la medicina, la cirugía y los médicos. Me decían: "Sólo los fanáticos siguen creyendo en la sanidad aparte de la cirugía, la medicina y los médicos". Como resultado, yo no era sanada.

A medida que el deterioro empeoró, la enfermedad se extendió por toda mi columna vertebral, se saltó tres vértebras en la parte de arriba y después pasó a mi cuello. El dolor era agudo. Entonces, un día me caí, lo cual causó mayor dolor y deterioro. En ese punto, ya no era capaz de sostener mi propia cabeza, y por eso los médicos me proporcionaron un gran collarín.

La osteoporosis se extendió por mis hombros y llegó hasta mis muñecas, y después incluso a mis dedos. Ya no podía agarrar nada con mis dedos sin sentir dolor. A veces, mis muñecas se salían de las articulaciones. Los médicos enseñaron a Bill a volver a poner las muñecas en su lugar después de haberse salido. Incluso después de que Bill me colocara las muñecas, yo tenía que llevar un vendaje elástico durante días hasta que a las articulaciones se mantuvieran en su lugar.

Los clamores de una familia

Intentamos como familia pasar una hora al día juntos en el estudio en nuestra casa, hablando, riendo, incluso jugando, o al menos intentando hacerlo. Algunos días yo no podía soportar el dolor, y Bill me llevaba otra vez a la cama.

Chris era inestable y rígido, al haber pasado toda su vida observando a su madre morir lentamente. Cada tarde cuando regresaba a casa de la escuela, gritaba: "¡Mamá!", preguntándose si yo habría logrado sobrevivir ese día. Si yo estaba dormida y no le respondía de inmediato, él se ponía muy nervioso y gritaba, corriendo por toda la casa hasta mi dormitorio.

Una vez, cuando él tenía cinco años, yo tuve que permanecer

en el hospital tanto tiempo que creyó que había muerto y que Bill y Doug le estaban ocultando la noticia. Cuando me llevaron a casa, Chris casi se derrumbó; se había hecho a la idea de que nunca más volvería a verme.

Su madre era una persona a la que él nunca había visto sin la férula de escayola... una madre que casi nunca visitaba su escuela... una madre que no podía abrazarle porque él podría hacerle daño o causarle más dolor; y ahora una madre que pronto le dejaría para siempre.

Un día le dije a un ministro que llegó a visitarnos: "No entiendo esto de Chris. Este no es el tipo de Dios que permitiría que un niño sufra de esta manera".

El ministro reflexionó en la frase durante un momento, y después dijo: "Delores, mira la fortaleza que Él está poniendo en ese muchacho".

Yo pensé: "Querido Señor, ¿cuánta fortaleza necesita este pequeño muchacho? ¿Cuánto tiene que ver y cuánto tiene que sufrir para ser fuerte?".

Había ocasiones en que mi corazón se debilitaba tanto que casi dejaba de latir. Inmediatamente, yo pensaba: "Esto es todo". Entonces daba un par de profundos suspiros y comenzaba a latir regularmente otra vez. Casi odiaba el regreso del latido en mi pecho porque quería morir.

A veces, mantenía la respiración durante largos períodos de tiempo. Pensaba que si mantenía la respiración el tiempo suficiente, mi debilitado corazón se pararía. Pero siempre, justamente antes de detenerse, la idea de un Chris huérfano de madre pasaba por mi mente, y comenzaba a respirar de nuevo.

Una tarde oí llorar a Chris. Llegué hasta su cuarto para descubrir qué pasaba. Él me miró con grandes lágrimas en sus ojos y dijo. "Te estás muriendo, ¿no, mamá?".

"Sí, Chris, igual que todo el mundo", respondí.

"No, quiero decir ahora", dijo él.

"Sí 'respondí yo casi vacilante'. Chris, si lloras, eso es lo único que recordaremos; pero si intentamos disfrutar de cada día, tendrás algunos recuerdos agradables". Él no parecía entenderlo. "Chris, ¿no puedes estar contento por mí? 'le pregunté'. Nunca me has visto de otra manera, y ahora ha llegado el momento para que me vaya al cielo, donde ya no estaré así. ¿No puedes estar contento por mí?".

Respondiendo como un muchacho de 14 años lo haría, dijo: "¿Pero y yo? Puedo estar contento por ti; ¿pero qué va a suceder conmigo? ¿Cómo me sentiré al regresar a casa de la escuela sin que tú no estés aquí?".

Su pregunta me sorprendió; me molestaba que no tuviera nada que darle a Chris para que fuese fuerte y valiente. Se me ocurrió la idea de que podría decir: "Chris, puedes orar". Para un adolescente de 14 años que está a punto de perder a su mamá, sin embargo, eso no significaría mucho. Él había orado por mí desde la primera vez que Bill y yo le enseñamos a orar y no había visto ninguna respuesta.

Chris era como un muelle. Estaba tan nervioso que se mordía las uñas casi por completo. Yo tenía miedo de que cuando muriese, él se derrumbase emocionalmente y nadie fuese capaz nunca de ayudarle a recuperarse. Aquel día oré: "Dios, vas a tener que mostrarme algo que pueda salvar a Chris. Muéstrame que cuando yo ya no esté, él estará bien". En otra ocasión me derrumbé y lloré, clamando a Dios: "Tienes que darme alguna seguridad de que Chris no va a quedar destrozado".

Dios estaba ahí

Hubo períodos a lo largo de los años en los que yo pensé que el dolor ya no podía soportarse más. Muchas veces llenaba la palma de mi mano de pastillas, pensando que me las tomaría todas de una vez para poner fin a mi inútil y desesperada vida, pero pensar en Chris siempre me detenía. ¿Cómo podría él aceptar un suicidio además de todos los demás sufrimientos que tenía que soportar? Y yo volvía a poner las pastillas en los botes.

Incluso en medio de todo el sufrimiento físico y la angustia por Chris, Dios fue bueno conmigo. Había veces en que estaba tumbada en la cama un dolor tan intenso que incluso los analgésicos no me causaban ningún alivio.

Durante algunos de los peores momentos, me elevaba por encima del dolor imaginándome a mí misma en las montañas o al lado del mar viendo las olas ir y venir. Me imaginaba sentada en lo alto de una montaña mirando por el valle a otra montaña por encima de un pequeño río que discurría por el valle. Incluso podía ver flores silvestres que crecían en montones cerca de donde yo estaba sentada. Las montañas eran muy hermosas. Mientras mi mente se alejaba a las montañas, al pequeño río y a las flores silvestres, el dolor se iba durante un rato.

O podía imaginarme sentada en un pedazo de tabla al lado del mar, observando las olas y escuchando el sonido del agua.

Cuando se está atada a una cama, se aprende a apreciar las pequeñas cosas que parecen relativamente poco importantes en un mundo ajetreado: la risa de un niño, el llanto de un bebé, un adolescente caminando despreocupados por la calle, un niño que quiere amarte aunque lleves una férula de escayola.

Los niños con frecuencia tienen miedo a lo grotesco, incluyendo a personas con aspecto extraño que llevan férulas de escayola y que no pueden correr y jugar con ellos. Sin embargo, rara vez encontramos a un niño que tuviera miedo de acercarse a mí. En cambio, los niños se acercaban y querían tocar la férula. Un niño raspó mi férula y dijo: "¿Está usted ahí?", haciendo un alegre juego con ello. También me hizo reír a mí.

Teníamos amigos que iban a verme casi todos los días. Algunos se quedaban un rato y nunca regresaban, al ser incapaces de verme con tanto dolor. Algunas personas no pueden manejar la larga enfermedad de otra persona; pasan tanta angustia que agota sus emociones.

Durante aquellos días finales yo sólo esperaba, pensando que el fin llegaría pronto. Cuando toda esperanza finalmente se agotó, Dios decidió intervenir y tomar el control.

Capítulo 3

EXTRAÑOS Y MARAVILLOSOS CAMINOS

*Porque mis pensamientos no son los de ustedes,
ni sus caminos son los míos —afirma el Señor—.*

(Isaías 55:8)

Un domingo en la mañana Dios envió a una mujer llamada Velma Despain a verme. Ella vivía en nuestro barrio, pero nunca había visitado nuestra casa. Su hija, Gail Bond, vivía cerca y ayudaba a ocuparse de mí. Gail le dijo a su madre que se mantuviese alejada de mí porque su madre pertenecía a la iglesia de Asambleas de Dios y la gente pensaba que ella era un poco extraña.

Gail le dijo a su madre: "No quiero que molestes a Delores; ella está demasiado enferma". Por eso su madre nunca me visitó aunque vivíamos en el mismo barrio. Pero aquel domingo en particular, Velma entró en mi casa y fue al dormitorio sin que Bill lo supiera.

Yo estaba en la cama aquella mañana viendo una reunión de adoración en la televisión. Antes de que tuviéramos tiempo para intercambiar saludos, Velma se acercó y cambió el canal de mi televisor. Lo siguiente que yo vi fue una mujer que parecía estar flotando en el escenario con un traje vaporoso, diciendo de modo muy dramático: "*¡Yo creo en los milagros!*".

Sólo fue necesaria una mirada a la mujer de aspecto extraño que invadió la relativa calma de mi santuario interior mediante la pantalla del televisor, y de manera un poco mordaz, pregunté: "¿Quién es?".

Velma sonrió y respondió: "Es Kathryn Kuhlman".

"¡Apague eso!", ordené.

"¿No ve nunca su programa?", preguntó Velma.

"¡No! ¡Apague eso!", exclamé.

Una inquietante pregunta respondida

Yo me había criado en Johnstown, Pennsylvania, y sabía todo con respecto a Kathryn Kuhlman, la supuesta "sanadora de la fe". En Johnstown nos referíamos a ella como "esa chiflada que dice que sana a la gente". Los periódicos la habían puesto al descubierto, los médicos la habían puesto al descubierto, y todo el mundo sabía que ella era una impostora, ¿no? Yo hasta recordaba a nuestro predicador metodista decirnos que nos mantuviéramos alejados de ella cuando ella iba a nuestra zona para realizar una de sus reuniones de sanidad. Al ser una buena mujer metodista, yo me mantuve alejada.

Aunque personalmente nunca había conocido a Kathryn Kuhlman, cuando la vi en la televisión aquella mañana fue incluso peor de lo que había pensado. Velma se acercó y cambió el canal del televisor, quitando el programa de Kathryn Kuhlman, y yo sentí un inmediato sentimiento de alivio.

"¿Por qué no ve usted a la Srta. Kuhlman?", preguntó Velma.

"Porque no me cae bien", respondí yo.

Aunque yo estaba siendo grosera con Velma, ella seguía sonriendo; no me dijo nada más hasta que llegó el momento de que regresara a su casa. De repente, me dijo "adiós" y comenzó a caminar hacia la puerta. Entonces se giró, me miró a los ojos y preguntó: "¿Y si está usted cerrando una puerta a Dios?".

"¿Por no ver a Kathryn Kuhlman? ¡Eso es ridículo!", me reí yo. Velma salió de la habitación, pero su pregunta se quedó conmigo. Al principio, la pregunta sólo me inquietó un poco, pero más adelante me inquietó mucho. Seguía carcomiéndome. Después de todo, yo le estaba suplicando a Dios que me diera una respuesta en cuanto a Chris. Algún tiempo después, Velma me dijo que ella no era ni siquiera consciente de haber hecho esa pregunta, y que no sabía por qué fue a visitarme aquel día.

Aquel mismo día, sorprendida por la inquietante pregunta que Velma había planteado, oré y dije: "Dios, si puedo abrir una puerta viendo a Kathryn Kuhlman, lo haré. Pero tú debes decírmelo; de otra manera, no quiero verla". Fue algún tiempo después cuando comprendí que *aquella* oración marcó la primera vez en que yo le había dicho a Dios que necesitaba escuchar de Él.

Mis oraciones siempre habían sido como las de otras personas, algo como: "Dios, si es tu voluntad", o "Dios, me van a operar otra vez y me gustaría ponerme bien".

¿Cuántos ministros habían hecho oraciones sencillas por mí a lo largo de los años? Oraciones como: "Señor, dale a Delores la fortaleza para soportar". Y yo soportaba.

Durante dos días más oré con respecto a ver el programa de Kathryn Kuhlman, pero nada sucedió. Pensé que las ventanas de los cielos estaban cerradas para mí. Ya que no escuché nada de parte de Dios sobre el asunto, decidí que no era necesario que viese su programa. Pero Dios se acercó a mí.

Al haber pasado por dos cordotomías percutáneas, yo no tenía control alguno de mis funciones corporales y, por tanto, nunca sabía cuándo necesitaba utilizar el baño. Hice un horario para recordarme ir en ciertos intervalos, pero con frecuencia tenía un "accidente" durante la noche y me despertaba en una cama mojada. Una mañana me desperté y la cama estaba totalmente seca. No podía entender por qué, pero como Gail aún no había llegado, decidí levantarme e ir al baño yo sola.

Bill había puesto unas barras por encima de mi cama, y yo las utilizaba para moverme un poco de vez en cuando. Aquella mañana, agarré la barra e intenté incorporarme hasta quedar sentada a fin de moverme hacia el baño. Cuando lo hice, sentí un repentino dolor en el hombro, que bajó por mi cuello y llegó a mi cabeza. Pensé que me había explotado el cerebro.

Caí tumbada otra vez en la cama con gran angustia; pero cuando caí, escuché claramente una voz decir las palabras *Kathryn Kuhlman*. Escuché sólo su nombre, nada más.

Aquello realmente me asombró, y grité: "¡Gail!". Pero Gail no respondió.

Unos minutos después entró Gail, me miró y dijo: "Estás horriblemente tranquila".

"Gail, ¿estabas aquí hace un rato?", le pregunté.

"No", respondió ella.

"Gail, escuché a alguien decir el nombre de Kathryn Kuhlman", le dije.

Ella se rió y dijo: "Le dijiste a Dios que Él tendría que responder tu oración. Quizá deberías ver su programa".

"Bien, quizá lo haga", dije yo.

Se presenta la oportunidad de Dios

Al día siguiente, la mamá de Gail, Velma, regresó a verme. Iba de camino a California para hacer una visita y pasó por mi casa para ver cómo me sentía.

"Delores, Kathryn Kuhlman va a estar en Dallas a final de mes —me dijo—. Si está interesada en ir a escucharla, estos son los números de teléfono para hacer la reserva".

Tomé el pedazo de papel con los números de teléfono escritos, pensando todo el tiempo: "¿Por qué hago esto? Ni siquiera estaré viva a final de mes. Esta Velma es realmente excéntrica".

Cuando Velma se fue, agarré el teléfono, marqué el número que ella me había dado y pedí dos lugares para la reunión. Los boletos nunca llegaron. Los médicos me tenían tan sedada que nunca supe por qué no los enviaron por correo. Quizá la persona que estaba al teléfono me dijo que enviase un cheque y yo sencillamente no lo recordé.

Era agosto de 1975. Al saber que yo iba a morir, varios amigos y familiares del norte llegaron para una última visita. Debido a que yo estaba tan débil, empleé toda la energía que tenía tan sólo con ellos.

Debido a que teníamos tanta compañía en la casa, y debido a que yo nunca distinguía un día de otro, no tuve la oportunidad de ver un programa de televisión de Kathryn Kuhlman aquel domingo ni el siguiente.

En mi estado debilitado y confuso, comencé a pensar de nuevo que sería fácil morir si yo ayudaba un poco, pero de alguna manera me las arreglé para aferrarme a la vida. Entonces Dios comenzó otra vez a moverse.

Llegó el final del mes y yo apenas seguía viva. Finalmente me di cuenta de que nunca había recibido los boletos de Kathryn Kuhlman. Pensé: "Bueno, de todos modos Dios no quería que fuese". En ese momento yo no entendía que tenemos un enemigo que intenta evitar que hagamos las cosas que Dios quiere que hagamos.

Unos días después, por alguna razón desconocida, el esposo de Velma la llamó a California y le dijo que regresara a casa. Cuando Velma preguntó por qué, él dijo: "Tan sólo quiero que estés en casa".

"Había planeado regresar la próxima semana", le dijo ella.

"No, quiero que regreses mañana", dijo él enfáticamente.

Velma era testaruda. Aunque estaba enojada, se subió a un avión y regresó de inmediato a Dallas. Llegó a su casa el viernes, y su hija Gail fue al aeropuerto a recogerla. Antes de salir para el aeropuerto, me dijo: "Odio tener que ir a recoger a mamá en este momento; va a estar furiosa por haber tenido que regresar". Y lo estaba.

A la mañana siguiente, Velma llamó a su tía de 83 años de edad, Ruth, a Dallas. La primera pregunta que le hizo su tía fue: "¿Consiguió Delores ir a escuchar a Kathryn Kuhlman?".

Velma, que le había hablado a su tía sobre mi enfermedad, dijo: "No".

La tía Ruth dijo entonces: "Tengo un boleto para esta noche, y sé que es para ella".

La anciana había querido llamar para ofrecerme el boleto; sin embargo, no sabía mi apellido y Gail no tenía teléfono. Aunque yo no lo entendí en aquel momento, una cosa estaba clara: Velma tenía que regresar desde California para que yo pudiera conseguir ese boleto. Dios obró su voluntad mediante muchos a fin de hacer que una persona estuviera donde Él quería que estuviera.

La mano extendida de Dios

Otro increíble detalle fue que la reunión para la cual la tía Ruth me regaló el boleto era una conferencia metodista sobre el Espíritu Santo que se realizaba en el centro de convenciones de Dallas. La reunión de Kathryn Kuhlman para la cual nunca recibí mi boleto era una reunión de Hombres de Negocios del Evangelio Completo.

Si hubiera asistido a la reunión de Hombres de Negocios del Evangelio Completo y hubiera visto a alguien con manos levantadas en alabanza o que gritase "Aleluya", habría tirado la puerta abajo para salir de allí. Para mí, el fanatismo sencillamente no tenían lugar alguno en la iglesia o entre personas cristianas. La reunión metodista, sin embargo, sería bonita, tranquila y ordenada. Nadie se emocionaría ni se desviaría.

Cuando supe que tenía una entrada, tenía que decirle a Bill que quería ir a la reunión. Le pedí que viniese al dormitorio y dije: "Bill, tengo que ir a Dallas a escuchar a Kathryn Kuhlman".

Él me miró de modo bastante extraño y preguntó: "¿Por qué?".

"Porque voy a aprender algo que necesito saber para Chris", respondí.

Bill, que siempre es un pensador, siempre lleno de lógica, dijo: "¿Cómo vas a llegar hasta allí?".

"No lo sé, pero tengo que ir", respondí. Él estuvo de acuerdo con renuencia a permitir que Gail me llevase.

El sábado en la noche, Gail le ayudó a prepararme para el viaje desde Arlington hasta Dallas. Antes de irnos, Bill le dijo a Gail: "Cuando lleguen, ella no podrá entrar, así que tráela otra vez a casa". Él sabía que sería demasiado doloroso para mí tener que salir del auto, entrar en el centro de convenciones, encontrar un asiento y sentarme en la reunión.

Justamente cuando nos íbamos, Chris entró en el dormitorio y dijo: "Mamá, ¿dónde van?".

"Chris, tengo que ir a Dallas", respondí.

"¿Para qué?", preguntó él.

"Tengo que escuchar hablar a una mujer", respondí yo.

"Tiene que caerte muy bien", dijo él.

"No, no me gusta nada", dije yo.

"Entonces, ¿por qué vas?", preguntó.

"Porque Dios va a enseñarme algo que necesito saber para ti", le respondí.

"Mamá, ¿por qué no te cae bien?", me preguntó.

"Es una mujer a la que conozco de Pennsylvania, y es una mujer que dice que sana a la gente", le dije.

"¡Mamá! Vas a ser sanada", me dijo tranquilamente.

Chris estaba tan emocionado que su cara relucía; sin embargo, yo sentía que sus palabras iban demasiado lejos, y que el muchacho había hecho lo que yo pensaba que era un comentario tonto. Quería corregirle para que no tuviera demasiadas esperanzas y después fuese decepcionado cuando yo regresara a casa enferma. Decidiendo darle una buena charla, dije: "Chris, siéntate". Obedientemente, él se sentó a un lado de la cama.

"Eso ya no sucede —le dije—. Había sanidades cuando Jesús estaba aquí, y más adelante con los discípulos y los apóstoles, pero ese fue el final de la sanidad. No quiero que pienses que voy a regresar a casa en un estado diferente".

Entonces añadí: "A excepción de que voy a aprender algo que necesitamos saber para ayudarte. ¿Lo entiendes?".

"Sí, mamá", dijo él. Había llegado el momento de irnos.

Bill me llevó hasta el auto y me puso en el asiento trasero, donde anteriormente había hecho una cama con mantas y almohadas. El viaje hasta Dallas duraba 25 minutos. Aunque el dolor era agudo, la esperanza de encontrar algo de parte de Dios que pudiera dejar a Chris cuando yo muriese me ayudó a soportar el dolor.

Cuando llegamos al centro de convenciones, Gail estacionó delante de la entrada. Se giró hacia mí en el asiento trasero y dijo: "¿Puedes salir?".

"No", respondí. Estaba tan débil que apenas podía mantener mis sentidos, y mucho menos intentar entrar en un auditorio.

"Bien, entonces regresaremos a casa", dijo Gail, con un tono de alivio en su voz.

Entonces se abrió la puerta trasera del auto y un hombre estaba allí mirándome. Me dijo: "Permítame ayudarla". Entonces extendió sus brazos hacia el asiento trasero y me sacó del auto. Le dijo a Gail que fuese a estacionar el auto y dijo que él se ocuparía de mí. "La tendré en el vestíbulo hasta que usted regrese", dijo.

Cuando Gail regresó al vestíbulo, el amable hombre me ayudó a llegar hasta el auditorio, donde localizó nuestros asientos y me ayudó a sentarme. Intentó hacer que me sintiera cómoda, pero desde luego eso no era posible. Le pedí si podría traerme un vaso de agua para poder tomarme mis analgésicos.

Capítulo 4

LEVÁNTATE Y SÉ SANA

Cuando Jesús la vio, la llamó y le dijo:
—Mujer, quedas libre de tu enfermedad.
Al mismo tiempo, puso las manos sobre ella, y
al instante la mujer se enderezó y empezó a alabar a Dios.

(Lucas 13:12-13)

El gran acontecimiento de la conferencia metodista sobre el Espíritu Santo aquel sábado en la noche del día 30 agosto de 1975 era la aparición de Kathryn Kuhlman. Ella salió al escenario como flotando, con su vaporoso vestido flotando con ella y una gran sonrisa en su cara. Y al igual que yo la había visto en la televisión, ella dijo con bastante dramatismo: "*¡Yo creo en los milagros!*".

Yo miré el espectáculo y dije: "Querido Señor, ¿qué estoy haciendo aquí?". Todos mis sentimientos negativos con respecto a Kathryn Kuhlman surgieron en mi interior otra vez. Ni siquiera podía soportar estar en el mismo auditorio con ella. Entonces una voz interior me habló. "Viniste aquí para aprender algo. No tienes que mirarla para aprenderlo".

Yo pensé: "Claro, no aprenderé nada mirándola". Además, yo llevaba un collarín y una férula de escayola y no podía levantar la cabeza. La miré sólo dos veces durante toda la noche. ¡Pero sí que aprendí algo!

A medida que ella hablaba, me presentó a un Dios al que yo no conocía. Ella habló sobre el Espíritu Santo e incluso le llamó *Él*. Dijo: "Él es la tercera persona de la Trinidad".

Yo me preguntaba: "¿Por qué sigue llamando al Espíritu Santo *Él*?". Entonces ella le dijo a la audiencia que si seguíamos refiriéndonos al Espíritu Santo como *ello*, en realidad no le conocíamos.

Mientras ella hablaba sobre que el Espíritu Santo vino a estar con nosotros y explicó que Él era la presencia misma de Dios con nosotros realizando la obra que Jesús hizo, conocí su presencia por primera vez en toda mi vida. Lo sentí detrás de mí y alrededor de mí. Si hubiera extendido mi mano, podría haberle tocado.

Aunque no recuerdo exactamente lo que dijo Kathryn Kuhlman, fue algo similar a lo siguiente: "¿Le conoce? Si no le conoce, ¿por qué no le conoce? Jesús estaba tan seguro del Espíritu Santo y de la obra que Él haría que estuvo dispuesto y listo para morir por nosotros. Jesús sabía que el Espíritu Santo vendría para continuar su obra; Él sabía que el Espíritu Santo nunca nos abandonaría ni nos dejaría".

Yo tenía temor, pero sabía que estaba sintiendo la presencia de Dios. Cuando fui consciente de que estaba teniendo un encuentro con Dios en la reunión aquella noche, me encontré abierta a Él. Él no estaba sentado arriba en su trono en algún lugar; estaba a mi lado. Sentada allí escuchando hablar a Kathryn Kuhlman, el Señor abrió mi mente y me dijo lo que necesitaba hacer por Chris.

Cuando sentí la presencia del Señor a mi alrededor cerré mis ojos, esperando dejar fuera todo lo demás menos la conciencia de Él. Con mis ojos cerrados, vi a Chris de pie en el porche de nuestra casa; no estaba solo. Había un hombre al lado de él. Entonces oí hablar al hombre y decir: "Dile a Chris que nunca tendrá que entrar a una casa solitaria. Dile que cierre sus ojos y vea a Jesús, y entonces extienda su mano y agarre la mía. Yo caminaré con él. Mi nombre es *Espíritu Santo*".

Yo sabía con certeza que había escuchado al Señor hablarme. Él me dio la respuesta de lo que sería de Bill y Chris y del resto de mi familia cuando yo me hubiera ido. Yo dije: "Señor, es muy sencillo. Por favor no dejes que me olvide de esto antes de llegar a casa". Tenía temor a olvidarlo todo debido a las elevadas dosis de medicamentos que estaba tomando.

"Eso es lo que vine a aprender. Ahora estoy lista para regresar a casa", me dije a mí misma mientras el gozo inundaba mi corazón. "Gracias, Señor. Chris nunca estará solo; nunca tendrá que entrar a la casa solo sin que tú estés allí". Aquella fue la respuesta. Dios me había dado la respuesta. En mi mente, yo podía imaginar a Chris llegando a casa solo. Ahora podía decirle: "Quédate tranquilo un momento, extiende tu brazo y agarra la mano de Él, y entra en esa casa con Él".

Había recibido una revelación íntima. En aquel momento de la reunión, mi cabeza me dolía tanto que en realidad sentía como si me fuese a explotar. Pensé: "Me gustaría que ella dejase de hablar ahora para poder irnos a casa".

Un milagro en la balanza

En lo que pareció una respuesta a mi oración, Kathryn Kuhlman dejó de hablar y comenzó a orar. Cuando comenzó a orar, yo pensé: "Señor, eres muy bueno. Está a punto de terminar". Cada parte de mí que podía doler me dolía. Mi cuerpo sentía un dolor tan intenso que yo quería gritar.

Entonces ella dejó de orar y dijo: "A alguien se le acaba de abrir el oído. Si viene hasta aquí, recibirá su sanidad".

Un hombre se puso de pie y caminó hacia la plataforma,

subiendo las escaleras hasta Kathryn Kuhlman. Varias otras personas le siguieron. Ella se puso detrás del hombre, y con su susurro desde el escenario (que era casi tan fuerte como mi voz) dijo: "¿Puede oírme?".

Yo pensé: "Claro que puede oírla. Hasta yo puedo oírla desde aquí".

Entonces el hombre respondió: "Sí, ¡puedo oírla! ¡Puedo oírla!".

"Bien, eso es estupendo; todo el mundo aquí puede oírla", pensé yo, sin creer nunca que ese hombre había sido sordo. "¿Por qué no iba él a oírla?".

Entonces varias otras personas que habían seguido al hombre hasta la plataforma comenzaron a saltar arriba y abajo, cada una de ellas diciendo: "¡Puedo oír! ¡Puedo oír!".

Yo me preguntaba: "¿Qué está pasando aquí?".

Entonces Kathryn Kuhlman se situó delante de ese hombre. Cuando le tocó, él cayó al piso. Yo no podía creer lo que veía. "¿Por qué le ha derribado?", me pregunté. Entonces ella fue hasta las otras personas y comenzó a derribarlas.

Cuando se acercó a un hombre realmente grande, yo dije: "No podrá derribarle". Pero cuando ella tocó al hombre grande, él cayó al piso. Yo razoné: "Ella no pudo haberle derribado. Ah, ya sé. Puntos de presión. Ella está tocando puntos de presión".

Entonces una voz me dijo: "Vete de aquí. Ella se está burlando de Dios. ¿Por qué Dios le permite que haga eso?".

"Es cierto —dije yo—. Ella me presentó al Dios vivo, y ahora está montando un espectáculo allí arriba". Yo estaba furiosa.

Una vez más, la voz dijo: "Vete de aquí". Yo realmente quería irme.

Me giré hacia Gail y le dije: "Vámonos". Ella tenía la cara tan blanca como la leche; tenía los ojos como platos cuando asintió, incapaz de hablar. Gail se inclinó para recoger algunas cosas del piso y me entrego mi bastón.

Utilizando mi bastón, comencé a moverme hasta el borde del asiento para que ella pudiera agarrarme y sacarme de allí rápidamente. Yo oré: "Dios, permíteme salir de aquí y no permitas que ninguno de ellos me agarre".

Yo tenía miedo y hacía todo el esfuerzo posible para moverme tan rápido como pudiera. Entonces me di cuenta de que la parte superior de mis piernas me quemaba. Era tan doloroso que tuve que morderme el labio para moverme lentamente hacia el borde del asiento. Miré mis piernas y pensé: "Me alegro de llevar mi férula sólo una hora al día, pues está haciendo que me ardan las piernas". Tuve que agarrar mis piernas para evitarme a mí misma gritar.

Finalmente llegué al borde del asiento y esperé a que Gail me agarrase y me sacase de aquel loco lugar.

Entonces alguien me dijo: "¿Por qué lleva usted ese collarín?". Yo miré a mi alrededor, y había un hombre agachado al lado de mi asiento.

"Me duele el cuello", respondí, y aparté mi vista de él.

Después de una breve pausa, él dijo: "Pero algo le está sucediendo".

"Sí. Me arden mucho las piernas", respondí yo.

Entonces él dijo: "¿Querría caminar conmigo?".

"Sí. Sáqueme de aquí", le dije. Él asintió y me ayudó a levantarme. En mi corazón, yo sabía que el Señor había enviado al hombre para sacarme de aquel lugar.

Al darse cuenta de que yo no podía caminar, él dijo: "¿Cómo puedo ayudarla?".

"Si me rodea con uno de sus brazos y sostiene mi brazo, puedo arrastrar los pies", dije yo.

Yo casi estaba en la gloria sabiendo que él me iba a sacar de allí y que nadie iba a detenernos. Cuando comenzamos a salir, él comenzó a hacerme preguntas. Las preguntas me molestaban, y yo siempre tenía una astuta respuesta. Cuando uno es inválido, se vuelve muy astuto para hacer callar a la gente.

Él preguntó: "¿Le han operado?".

"Me han hecho cuatro fusiones y dos cordotomías percutáneas", respondí. Cuando utilizaba las palabras *cordotomías percutáneas*, normalmente hacía callar a los demás para bien.

Él se detuvo, me giró para situarme frente a él y dijo: "¿Le han realizado dos cordotomías percutáneas y le arden las piernas? ¿No es eso bastante extraño?".

Yo pensé: "Él sabe de lo que estoy hablando". Respondí: "Sí". Pero decidí no decirle nada más. Comenzamos a movernos hacia la puerta, y después de un esfuerzo, él me condujo hasta la puerta que daba al vestíbulo. Aún me rodeaba con su brazo mientras yo utilizaba el bastón para mantenerme mientras arrastraba los pies.

Cuando llegamos a la puerta, él dijo: "Sé que usted no sabe lo que le está sucediendo, pero puede quitarse la férula si quiere".

"¡Dios mío! Estas personas son peligrosas —fue mi reacción instantánea—. Aquí hay un hombre al que nunca antes he visto diciéndome que puedo quitarme la férula".

Me giré hacia él para decirle que no debería hacer eso con la gente, pero cuando le miré a la cara sencillamente no me salieron las palabras. Él me miró y dijo otra vez: "Puede quitarse la férula si quiere".

El pensamiento: "Estas personas son peligrosas" seguía dando vueltas en mi mente.

"¿Quiere quitarse la férula?", me preguntó.

"Llevo 15 años en esta férula, y me estoy muriendo— respondí yo—. Claro que quiero quitármela".

Él asintió porque también él sabía que me estaba muriendo. Lo siguiente que supe es que me había llevado al baño de mujeres. Cuando estuve allí, me apoyé contra la pared y comencé a quitarme la férula. Gail me siguió hasta el baño de mujeres y preguntó: "¿Qué estás haciendo?".

"Me estoy quitando la férula", respondí.

"¿Por qué? ¿Te sientes distinta?", me preguntó.

"No", le dije.

Entonces ella dijo: "Delores, esto no es propio de ti".

Así que comencé a apretarme la férula otra vez. El hombre se acercó a la puerta del baño de mujeres y dijo: "Vamos, ¿a qué espera?". Yo le miré otra vez y comencé de nuevo a quitarme la férula. Cuando me lo quité totalmente, se lo entregué a Gail y dije: "Llévame donde él está".

Preparada para recibir

El hombre y un ujier me ayudaron a entrar otra vez al auditorio. Justamente cuando me estaban sentando en mi asiento, Kathryn Kuhlman se dio la vuelta y dijo: "¿Qué tiene usted ahí, doctor?".

"Tengo una columna vertebral", dijo el hombre que me había estado ayudando.

"¡Tráigala aquí de inmediato!", ordenó ella.

"Vaya, él es médico. Por eso sabe lo que es una cordotomía percutánea", pensé.

Cuando el hombre al que ella llamó "doctor" y uno de los ujieres me acompañaron hacia la plataforma, pensé: "Oh, querido Dios, me van a poner en el espectáculo". Sentí alivio de que nadie en la audiencia me conociese. Yo no sabía que antes de dejar la plataforma aquella noche, Kathryn Kuhlman me pediría que diese mi nombre y dirección a las 3000 personas reunidas allí.

Cuando finalmente me llevaron hasta Kathryn Kuhlman en la plataforma, ella me miró y dijo: "Usted tiene mucho dolor, ¿verdad?".

"Sí", respondí, pensando que por mi aspecto cualquiera podía decir que yo tenía dolor.

Entonces ella ordenó: "¡Camine hasta detrás del escenario!".

El doctor dijo: "No puede, Kathryn; no tiene ningún apoyo".

Ella dijo: "Ah. Doctor, dígale a la gente qué le pasa".

El médico fue hasta el micrófono, y les dijo a las 3000 personas que los cirujanos me habían realizado cuatro fusiones espinales y dos cordotomías percutáneas. Explicó que, aunque yo no podía sentir nada en mis piernas, me ardían.

Mientras el médico hablaba, otros dos hombres me sostenían para evitar que me cayera. Kathryn Kuhlman se giró, avanzó hasta mí y repitió: "Ahora camine hasta detrás del escenario". Entonces ella se quedó allí con sus manos a los lados de su cuerpo.

Yo pensé: "Ella no sólo es extraña, tampoco oyó lo que el médico dijo sobre mí". Allí estaba yo sin mi férula y mi collarín para sostenerme. Mi cuerpo estaba todo retorcido. Una de mis piernas era más de una pulgada más corta que la otra; mi columna vertebral estaba deteriorada, y mi cuerpo estaba inclinado. Sin embargo, esa mujer me estaba pidiendo que caminase hasta detrás del escenario. Yo estaba tan débil que ni siquiera podía mantenerme en pie por mí misma. Aun así, ella dijo: "Camine".

Yo sabía que ella se iba a quedar allí mirándome, con sus manos en sus costados, hasta que yo hiciera algo. Me preguntaba si íbamos a quedarnos allí el resto de la tarde mirándonos

LEVÁNTATE Y SÉ SANA

la una a la otra: delante de 3000 personas. Decidí empujar mi pie derecho para mostrarle que no podía caminar.

Cuando empujé mi pie, se levantó del piso: la primera vez que había sucedido en años. Y cuando mi pie derecho descendió, pensé que podía sentir el piso; pero una voz interior dijo: "No, no puedes; no sientes el piso".

Lo único que sabía con seguridad era que mi pie se había movido más lejos de lo que yo había esperado o querido. Un ministro me sujetaba desde la espalda; yo sabía que si él me soltaba me caería de boca, porque no podía mantener el equilibrio. Tenía que empujar mi pie izquierdo porque mi pie derecho se había movido más lejos de lo que yo pensaba. Cuando empujé mi pie izquierdo, se levantó del piso y volvió a bajar.

"Siento el piso", pensé, pero mi mente seguía diciendo: "No, no es así. No sientes el piso. Vete de aquí. Éste no es un lugar para ti".

Entonces sentí mis pantalones que rozaban la parte superior de mis piernas. Comencé a tener algunas sensaciones en mis dedos por primera vez en cinco años desde la primera cordotomía. Comencé a gritar: "¡Puedo sentir! ¡Puedo sentir!". Pero mis gritos de emoción no parecían significar nada para Kathryn Kuhlman. Ella me ordenó que caminase hasta detrás del escenario por tercera vez. Sinceramente no recuerdo lo que sucedió después de aquello.

Quienes fueron testigos del milagro dijeron que comencé a correr hasta detrás del escenario, y después regresé corriendo hasta Kathryn Kuhlman. Yo no había caminado sin ayuda en cinco años, ¡pero allí estaba corriendo por la plataforma!

"Ahora inclínese", dijo ella. Mis fusiones estaban por encima de mi cintura, y no podía inclinarme; no había podido hacerlo durante años. Los tejidos de mi espalda se estaban desgarrando, y mi hombro estaba tan deteriorado que, si lo movía, la agonía era horrible. Sin embargo, ella me ordenó que me inclinase. Sólo para mostrarle que podía inclinarme muy poco, comencé a hacerlo y de repente me di cuenta de que mis hombros estaban libres y se movían. Seguí inclinándome hasta tocar el piso.

Realmente, aquella fue la primera vez en mi vida que tocaba el piso con mis manos. La curvatura de mi espalda siempre había sido tan mala que, incluso cuando era niña, no podía inclinarme mucho. Pero allí estaba, tocando el piso: después de tener problemas de espalda y haber llevado una férula de escayola durante diecinueve años y medio.

Cuando me incorporé, ella dijo: "¡Hágalo otra vez!". Y yo lo hice, pero esta vez puse las palmas de mis manos en el piso y volví a levantarme.

Entonces ella me ordenó que moviese la cintura. "No puedo hacer eso debido a las fusiones", pensé. Pero decidí intentarlo, y comencé lentamente a moverla descubriendo que tenía una total flexibilidad. Para entonces las sensaciones estaban regresando a todo mi cuerpo.

"Ahora, ¿tiene algún dolor?", me preguntó ella.

"No", respondí. Seguí diciéndole que podía sentir, pero ella no pareció interesada en eso. Entonces lo entendí: ¡todo el dolor se había ido!

De repente, ella extendió su mano para tocarme. Yo me agarré al podio, y pasaron por mi mente visiones de ella derribando a aquellos hombres grandes y fuertes. Cuando me levantaron del piso, yo seguía preguntándome qué había sucedido. Ella me miró otra vez y dijo: "Creo que Dios querría que usted tuviera una dosis doble". Volví a caer al piso.

Cuando salí de debajo de la influencia del Espíritu Santo, ella me señaló con su dedo y dijo: "Ese es el poder del Espíritu Santo, ¡y no lo olvide nunca! ¡Ahora tiene usted trabajo que hacer!". Quienes fueron testigos del milagro aquella noche dijeron que fueron necesarios sólo 15 minutos para que Dios me liberase de todas mis cadenas de atadura y enfermedad.

Yo nunca podría haberme imaginado a mí misma, una paralítica moribunda que no sabía nada de sanidad, saliendo de casa a las seis de la tarde y regresando a casa completamente sanada a las dos de la madrugada. Pero déjeme decirle que es así como Dios obra. Él hace todo de primera calidad, y lo hizo por mí.

Más adelante supe que el médico que me escogió de entre la audiencia de 3000 personas era el Dr. Richard Owellen, de la facultad de medicina Johns Hopkins en Baltimore, Maryland. Él se había convertido en un fiel seguidor del ministerio de Kathryn Kuhlman después de un acontecimiento que se produjo en su propia familia.

De vez en cuando, un grupo de médicos viajaba hasta donde Kathryn Kuhlman realizaba reuniones, y lo hacían para desacreditar su ministerio. El Dr. Owellen había sido un miembro de ese grupo; pero después de observar su ministerio durante un período de tiempo se convenció de que era genuino, y se convirtió en un fiel seguidor del ministerio de Kathryn Kuhlman.

Después de una experiencia milagrosa, el Dr. Owellen recibió un don del Espíritu Santo: el don de ciencia. Comenzó a viajar a las diversas reuniones de Kathryn Kuhlman, no ya para desacreditar su ministerio sino para ayudar. Mediante el don de ciencia, él con frecuencia sabía cuándo alguien en la audiencia estaba siendo sanado. Dios le dirigía directamente a esa persona; eso fue lo que le dirigió hacia mí aquella noche en Dallas.

La mañana de aquel sábado en que fui sanada, el Dr. Owellen había llamado a uno de los ayudantes de Kathryn Kuhlman en Dallas para preguntar sobre la reunión de la noche. Le informaron de que las reuniones de milagros se habían llevado a cabo el miércoles y el jueves en la conferencia de Hombres de Negocios del Evangelio Completo. Entonces le dijeron que la reunión del sábado por la noche era una conferencia metodista sobre el Espíritu Santo. Le habían dicho a Kathryn Kuhlman que podía hablar sobre el Espíritu Santo, pero los líderes de la conferencia dijeron que no querían que se produjese ningún ministerio de sanidad.

El Dr. Owellen les dijo que no asistiría a la reunión del sábado en la noche porque tenía que volar a otra ciudad. Después, sin embargo, el Señor le habló y le dijo que fuese a Dallas. Cuando llegó, los ayudantes de Kathryn Kuhlman le preguntaron qué estaba haciendo allí.

"El Señor me envió", respondió él.

El Dr. Owellen me dijo más adelante que había estado sentado en la plataforma durante la primera parte del servicio. Entonces se levantó, fue por uno de los largos pasillos del auditorio y después por otro, y no se detuvo hasta que llegó hasta mí. Yo pensaba que él tan sólo me había elegido de entre la multitud, pero Dios le había dirigido a mí. Y el llegó a mi lado justamente cuando yo intentaba irme de aquel lugar.

Más adelante me dijeron que probablemente no habría recibido mi sanidad si no hubiera sido por el Dr. Owellen. Si yo me hubiera ido de aquella reunión, creyendo como creía que Dios ya no sanaba a personas, y pensando que mis piernas me ardían porque la férula de escayola me rozaba, puede que nunca hubiera sido sanada. Me habría ido de aquel auditorio moribunda y atada a todas las demás enfermedades en las que Satanás me había atrapado. En cambio, me fui de aquella plataforma completamente sanada. ¡Gloria a Dios!

Regreso a casa sana

Cuando terminó la reunión, la gente estaba alabando a Dios. Varias personas me desearon que estuviera bien y me dijeron que estarían orando por mí. Todas estaban muy emocionadas por mi sanidad.

Cuando nos preparábamos para decir adiós aquella noche, el Dr. Owellen dijo: "Delores, tengo que advertirle de algo. Satanás va a intentar decirle que no ha sido sanada". Yo me alejé del médico. Yo no hablaba de Satanás. Satanás no nos molestaba ni a mi familia ni a mí; él vivía en el infierno.

Les dije adiós y Gail y yo salimos del auditorio. Caminamos hasta el auto, llevando en las manos la férula y el collarín. Puse la férula en el asiento trasero con las almohadas y las mantas, abrí la puerta delantera del auto y entré de modo vivaz. Gail no había dicho ni una palabra; seguía estando tan blanca como la leche. Rompió el silencio diciendo: "¿Qué vas a decirle a Bill?".

"No lo sé", respondí. Ella iba conduciendo muy despacio; en su mente estaba pensando que yo tenía un problema por delante.

"Por favor, ponte la férula", me imploró.

"¡No! ¡Me siento estupendamente!", le dije yo.

Oleadas de energía y fuerza recorrían mi cuerpo, y sentía la fuerza de arriba abajo. Cada vez que completaban un recorrido, yo me sentía más fuerte.

¿Puede imaginar lo que fue para Gail, que se había ocupado de mi durante todos aquellos años, verme completamente sana? ¿O puede imaginar lo que sería para Bill y Chris verme llegar a casa siendo una nueva persona? En su preocupación, ellos seguían mirando por la ventana, esperando que Gail me llevase a casa.

Cuando llegamos a la casa de Gail, ella se dirigió a la entrada y dijo de repente: "Te veré mañana". Entonces se bajó del auto y comenzó a dirigirse hacia su casa.

"¡Oh no! ¿Qué voy a decirle a Bill?", le dije.

"Yo no puedo ayudarte. Buenas noches", dijo ella.

Chris nos había visto llegar a la entrada de Gail. Salió enseguida de nuestra casa y se quedó al otro lado de la calle esperándome. Cuando yo salí del auto, él llegó corriendo por la calle y gritando: "¡Mamá, has sido sanada! ¡Has sido sanada!".

Aquel domingo en la madrugada del día 31 agosto de 1975 fue la primera vez en sus 14 años que Chris me había visto nunca bajarme de un auto por mí misma. Aún gritando, me abrazó y comenzó a darme vueltas.

Él siempre me había tocado con delicadeza, pero ahora me estaba dando vueltas en medio de la calle y gritando a pleno pulmón a las dos de la madrugada. Entonces me levantó y comenzó a llevarme hacia nuestra casa. Bill salió a la puerta.

Cuando vio a Chris que me llevaba, Bill volvió a entrar en la casa.

Chris seguía gritando. Yo intentaba calmarle, diciendo que iba a despertar a los vecinos, pero a Chris no le importaba; tan sólo siguió gritando hasta que entramos en la casa. La primera pregunta que me hizo Chris fue: "Mamá, ¿podemos ir a la iglesia juntos mañana, toda la familia?".

"Claro que podemos", le respondí.

Cuando entramos en la casa, Bill me miró con bastante escepticismo durante un momento y preguntó: "¿Dónde está tu férula?".

"En el auto", respondí. Al ver el asombro en su cara, dije: "Bill, me siento bien. Mira". Comencé a mover mi cabeza para mostrarle que mi cuello estaba libre; después me incliné y toqué el piso con las manos.

"¡Y puedo sentir", dije con alegría, abriendo y cerrando mis manos. Mirándome fijamente y con incredulidad, Bill dijo: "Muy bien, puedes sentir. Ahora vámonos a la cama".

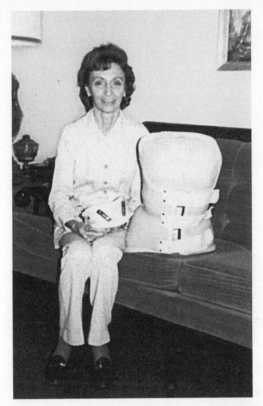

Delores en 1975 con su férula, que ya no necesitaba, después de que Dios la sanara en una conferencia de Kathryn Kuhlman.

Por primera vez en once años me fui a la cama sin tomar ninguna pastilla. Me quedé profundamente dormida, y dormí como un bebé durante toda la noche. Bill no se acostó aquella noche.

Para algunas personas, aquello podría haber sido el hermoso final de una triste historia; pero no fue así.

Fue el comienzo de una pesadilla para Bill y para mí.

Capítulo 5

BUENOS TIEMPOS,
MALOS TIEMPOS

*Así que si el Hijo los libera,
serán ustedes verdaderamente libres.*

(Juan 8:36)

Me desperté a las siete de la mañana al día siguiente, ¡y me sentía estupendamente! Fui al cuarto de baño para darme un baño por mí misma por primera vez en siete años. Lo primero que hice al entrar en el cuarto de baño fue quitarme el vendaje de mi espalda. Había habido una úlcera abierta en mi espalda durante siete meses. Me metí en el baño y froté mi cuerpo de 33 kilos como nunca antes.

Después de secarme con una toalla yo sola, fui a la cocina. Bill me oyó y fue a la cocina desde el estudio.

Se quedó mirándome y preguntó: "¿Qué estás haciendo?".

"Voy a comer algo. Después vamos a la iglesia", respondí.

"Mm", musitó. Bill no dijo nada más.

Chris daba saltos de alegría porque íbamos a ir a la iglesia. Bill finalmente preguntó: "¿De verdad tienes ganas de ir a la iglesia?".

"Sí, Bill, ¡me siento muy bien!", le dije.

"Bien, iremos", dijo él. Bill fue al dormitorio y comenzó a vestirse para ir a la iglesia.

Cuando yo entré en el dormitorio, él dijo: "Vamos a curar la herida de tu espalda".

"Muy bien", dije.

Él agarró los vendajes necesarios, pero cuando yo me giré para que él me los pusiera, Bill dijo: "La herida se ha curado". Yo me di la vuelta y me quedé mirándole. Él estaba tan asombrado como yo.

Me giré para poder ver mi espalda en el espejo; en efecto, ya no había herida. Lo único que quedaba era una pequeña cicatriz blanca, que se parecía a una vieja herida a excepción de que tenía el aspecto como si alguien hubiera tomado una aguja y hubiera dibujado sangre en círculo alrededor de la herida, creando un círculo rojo. Bill dio un suspiro y regresó al dormitorio.

De repente, comprendí que estábamos viviendo algo que ninguno de los dos entendía. De la noche a la mañana, yo había sido transformada, de una inválida sin esperanza a una mujer perfectamente sana y enérgica. ¿Quién podía entenderlo?

Yo me sentía libre y jubilosa. Tan sólo ver la alegría en la cara de Chris hacía que surgiera en mi interior una gran felicidad. Bill, sin embargo, estuvo en silencio mientras conducíamos hacia la iglesia presbiteriana. Bill me dijo más adelante que había decidido en su mente que si lo que me había sucedido duraba aunque fuese uno o dos días, valdría la pena. Cualquiera que fuese el resultado, intentaríamos ser felices.

Mi esposo era inspector de estructuras de acero, pero había estudiado también psicología en la universidad. El trasfondo psicológico de Bill seguía indicándole que aquello no podía estar sucediendo, que tenía que ser algún tipo de ilusión. Una vez más, decidió que incluso si yo había sido hipnotizada (¡o cualquier otra cosa!), él lo aceptaría mientras durase. Si yo finalmente me derrumbaba, él sencillamente lo manejaría.

Entramos a la iglesia y descubrimos que el pastor estaba fuera de la ciudad. Nadie me reconoció aquel día; yo me había propuesto en mi corazón que no le hablaría a nadie acerca de mi sanidad hasta que hubiera tenido oportunidad de hablar con Van, mi médico.

Mientras salíamos de la iglesia aquel día le dije a Bill: "Vamos a comer a la cafetería Colonial".

Él me dijo: "¿Estás segura de que tienes ganas?".

"¡Me siento estupendamente, y me muero de hambre!", respondí yo.

"Creo que es mejor que vayamos a casa y descanses", me dijo él. Desde luego, no había manera en que Bill pudiera entender mi repentina hambre, debido a que yo no había tenido apetito durante años.

Oleadas de energía seguían rondando mi cuerpo; empezaban en mis pies y subían hasta mi cabeza. Después el proceso se repetía, y mi cuerpo se iba fortaleciendo cada vez. Cuando llegó el siguiente domingo, ¡yo sabía que podía comerme el mundo entero!

La comida que había en la fila de la cafetería me parecía muy buena. Cuando llegamos al final de la línea, había suficiente comida en mi bandeja para alimentar a toda la familia. Pepinos en vinagre, pollo frito, melón y pastel de cereza. Bill se quedaba sentado observando.

Mientras estábamos allí en la cafetería, finalmente comprendí que mis años de enfermedad habían terminado. ¡Dios me había sanado de verdad! Sin embargo, mi querido y maravilloso Bill seguía buscando alguna explicación racional para lo que había sucedido. Desde luego, no había ninguna explicación natural, sólo una sobrenatural. Iba a necesitar algún tiempo para entenderlo todo.

El asombro de una nueva realidad

Aquella tarde decidimos conducir hasta Mansfield, Texas, para ver a nuestro hijo de 30 años Doug, su esposa Ann y nuestros nietos. Aquel fue el día en que cometí mi primer error después de ser sanada.

Cuando llegamos a su casa, Doug estaba trabajando en el jardín. Él vio nuestro auto, pero, desde luego, sabía que yo estaba demasiado enferma para hacer el viaje hasta Mansfield, y por eso Doug supuso que yo me había quedado en casa. Yo salí del auto y fui caminando hasta donde él estaba trabajando. Cuando se giró y me vio, se quedó sorprendido.

"Mamá, ¿qué estás haciendo aquí?", preguntó. Yo no había estado en su casa desde hacía 18 meses.

Yo le miré, sonreí y dije: "¿Podrías aprovecharme en tu equipo de fútbol?". Pensé que él agradecería que yo dijera eso, porque Doug es entrenador. Entonces me incliné delante de él y puse las palmas de mis manos sobre el suelo. Cuando me levanté, supe que no debería haberme acercado a él de esa manera.

De repente, Doug no podía respirar, y yo pensé que le estaba dando un ataque al corazón allí mismo en el jardín. Comenzó a temblar como si tuviera escalofríos. Bill le agarró y le ayudó a entrar en la casa, donde se sentó.

Ann, nuestra nuera, había salido justamente a tiempo de verme tocar el suelo con las palmas de mis manos. Empezó a gritar y dijo: "Mamá, ¿qué estás haciendo?".

"Está bien, Ann. Estoy sana".

Ann estaba temblando. "¿Qué quieres decir con que estás sana?", preguntó ella.

"No lo sé, pero estoy sana. Ahora estoy bien", le dije.

Durante las etapas finales de mi enfermedad, Ann iba con frecuencia a nuestra casa en Arlington para curar la herida que había en mi espalda. Naturalmente, ella quería saber si la herida seguía estando ahí. "Mamá, déjame ver la herida", me dijo. Cuando le enseñé la herida, ella exclamó: "¡Está curada! ¿Qué ha sucedido?".

Yo no podía explicarles nada a ellos porque yo misma no lo entendía. Yo no sabía que nadie pudiera ser sanado o ni siquiera que fuese sanado. Nunca había hablado con nadie que conociese a una persona que hubiera sido sanada. Lo único que pude decirles a Doug y Ann fue: "Miren, estoy de pie aquí. Me siento bien. Todas las sensaciones han regresado a mi cuerpo".

Doug, todavía pálido e incapaz de soportar más el trauma, dijo: "Mamá, creo que es mejor que te vayas a casa. Voy a necesitar algún tiempo para pensar en esto". Así que regresamos a casa. La pesadilla había comenzado.

La lucha para mantener la victoria

Dios me había sanado durante el fin de semana del Día del Trabajo, cuando Bill tenía un par de días libres en el trabajo. Cuando él regresó a trabajar y me dejó sola en la casa, me di cuenta de que estaba totalmente sin preparación para estar yo sola. Comenzaron a pasar por mi mente pensamientos locos. "Aún no estoy bien. Me he vuelto loca".

Iba y me ponía delante de un espejo grande, me miraba y decía: "No, ¡estoy sana! Mira, puedo mover la cabeza, puedo inclinarme y puedo levantar los pies. Y puedo caminar". Mi mente necesitaba mucha convicción para entender lo que le había sucedido a mi cuerpo.

Una cosa que complicó nuestro entendimiento del milagro fue que ni Bill ni yo habíamos recibido nunca ninguna enseñanza sobre la sanidad. Nunca habíamos leído un libro ni habíamos oído un sermón sobre el tema. Cuando nos encontrábamos con versículos sobre sanidad al leer la Palabra de Dios, no entendíamos su significado.

Lloré más durante los diez primeros días después de mi sanidad que durante todos los diecinueve años y medio de enfermedad. Después de la difícil experiencia con Doug y Ann, yo tenía miedo de contarle a nadie lo que había sucedido.

El lunes por la noche tuve un ataque en mi esófago herniado, el cual me despertó de un profundo sueño. Inmediatamente agarré un bote de analgésicos; una suave voz en mi interior dijo: "No tomes las pastillas". Las puse de nuevo donde estaban.

Yo sabía que tenía que hacer algo, pues el dolor en mi esófago era intenso, y el sudor salía por mi cuerpo como si fuera agua. "¿Qué puedo hacer?", clamé. Una vez más, la suave voz me habló y dijo: "Levántate".

Aquello era extraño. Normalmente, cuando tenía ataques así me desmayaba si intentaba levantarme. Entonces Bill tenía que llevarme a la unidad de cuidado cardíaco del hospital.

La voz dijo otra vez: "Levántate. Ahora".

"No puedo levantarme", dije yo. Una tercera vez la voz dijo: "Levántate". Cuando comencé a levantarme de la cama, dije: "Si me desmayo, no es culpa mía". Sentada en el borde de la cama, mire el reloj. Eran las once de la noche.

Me puse de pie, fui hasta el cuarto de baño y volví a sentarme, hecha un nudo y temblando de dolor y de miedo. "¡No voy a tener esto!", grité, y entonces comencé a enojarme. "Dios, ¡no voy a tener esto!", grité.

De repente, sentí como si algo se hubiera abierto dentro de mi pecho y después saliera. La presión y el dolor desaparecieron. Me sequé con una toalla y volví a la cama, débil y agotada. Cuando me senté en la cama miré otra vez al reloj. Eran las 11:10 de la noche. El ataque duró sólo diez minutos, pero me habían parecido horas.

El Dr. Richard Casdorph, un médico lleno del Espíritu Santo, más adelante me preguntó si entendía lo que había sucedido durante el ataque al esófago. Yo le dije que no lo entendía en absoluto.

Él me dijo que yo había participado en la guerra espiritual. Me explicó que Satanás había intentado volver a poner sobre mí la enfermedad, y añadió que Dios no me protegería siempre como lo había hecho aquella noche. Yo tendría que aprender por mí misma cómo luchar contra el maligno, utilizando todas las provisiones espirituales que Dios había hecho para mí.

Dios puso una cubierta sobre mí alrededor de un año; entonces Él se retiró, pero yo aprendí a tomar autoridad sobre el dolor en el nombre de Jesús. Cuando oraba, el dolor siempre se iba.

Todo era muy irreal y aterrador. Bill y yo ni siquiera hablábamos de lo que me había sucedido, fingiendo en cierto modo que no había sucedido. Bill siguió adelante aceptando mi mejora, aunque realmente no creía que duraría.

El martes en la noche cuando salí de la bañera, Bill vio mi espalda y su cara se iluminó cuando se dio cuenta de que ya no estaba torcida. Yo había estado torcida y encorvada, con una pierna más corta que la otra. Por primera vez en nuestra vida matrimonial, él observó que mis hombros y mis caderas estaban derechos. "Sí que sucedió algo", admitió meneando su cabeza, sin todavía ser capaz de entender lógicamente el fenómeno.

También fue el martes cuando tuve que tratar con extrañas palabras que venían a mi mente. Las palabras habían aparecido cuando me desperté por primera vez el domingo en la mañana. Yo sabía que no eran latinas ni francesas, pero eso era todo lo que entendía al respecto.

Satanás seguía diciéndome que me había vuelto loca; después comenzó a susurrar a mi oído, diciéndome que las extrañas palabras eran prueba de que me estaba volviendo loca. En aquel momento yo ni siquiera creía que Satanás existiera, a excepción de ser el guardador del abismo en el infierno. Sin embargo, él seguía susurrando: "Bien, realmente sucedió. Te has vuelto loca".

A lo largo de los años, uno de mis mayores temores era perder la cabeza antes de morir. Yo era una candidata madura para la locura. Había tomado tantos medicamentos, me habían hecho tantas operaciones y había sufrido tanto dolor, que mi mente se había adormecido. No podía recordar cosas que sucedían desde una hora hasta la siguiente.

La noche en que fui sanada, Dios me liberó por completo del hábito de tomar medicamentos, el cual me había preocupado. Me habían llevado a creer que nadie podía pasarse sin tomar medicinas y soportar los dolores consiguientes. Sin embargo, yo lo había hecho. Aun así, el miedo a volverme loca le proporcionó a Satanás una puerta abierta para golpearme allí donde yo era débil, y él aprovechaba esa oportunidad cada vez.

Mis emociones pasaron de la confianza al temor. Me quedaba de pie delante del espejo, me inclinaba, tocaba el piso y después gritaba: "¡Estoy sana! No lo entiendo, ¡pero estoy sana!". Pero cuando había atravesado la mitad del vestíbulo de la casa, estaba convencida una vez más que estaba loca.

Un testigo profesional

El miércoles, Bill llamó a Van, mi médico, y le dijo que queríamos verle; él nos dijo que fuésemos a su consulta. Entramos en la sala de espera, donde me senté. Aquello en sí mismo era inusual, pues normalmente yo me quedaba tumbada en el sofá mientras esperaba que llegase mi cita.

En cuanto Van entró en la sala de espera, me miró y dijo: "Es usted diferente. ¿Qué ha sucedido?".

"Van, quiero que me examine detalladamente", dije yo.

"¿Su cuello, su espalda, su hombro, o qué?", preguntó él.

"Todo", respondí yo.

"Muy bien", dijo, con una mirada de perplejidad en su cara.

"Tan sólo examíneme, Van", le dije.

"Muy bien", respondió él.

Me ayudó a pasar a la sala de exámenes, como siempre había hecho. Entonces dijo: "Se mueve bastante bien".

Yo en realidad no estaba intentando moverme; quería que Van me ayudase a moverme. Antes de salir del auditorio la noche de mi sanidad, el Dr. Owellen me había dicho: "Haga que su doctor le examine, pero no le diga lo que ha sucedido hasta después que haya terminado el examen".

Van me puso de pie y dijo a su enfermera que me sujetara. Él y la enfermera tenían cuidado de no tocar mi hombro izquierdo porque los rayos X habían mostrado que se estaba deteriorando. Mientras me examinaba, comenzó a inclinarme un poco hacia adelante y después se detuvo.

Cuando yo me incorporé y me giré hacia él, vi que estaba casi aturdido sentado sobre el borde de su banqueta. Me miró y dijo: "Déjeme ver su herida". Él sabía que la herida había estado supurando durante varios meses. Echó un vistazo donde había estado la herida y dijo: "Está curada. ¿Qué le ha sucedido?".

"No, Van, quiero que usted siga examinándome: todo", dije yo sin responder a su pregunta.

"Muy bien", dijo él casi a regañadientes. Quería ponerme sobre una camilla y comenzó a ayudarme a hacerlo.

"Puedo hacerlo yo sola, Van", le dije.

Me subí a la camilla con facilidad. Van comenzó a girarme, y yo dije: "Puedo girarme". Y lo hice. Él comenzó a tocar mi columna vertebral, presionando ligeramente sobre mi cuello al principio, y después con más fuerza.

"¿No le estoy haciendo daño?", preguntó.

"No", dije yo.

Entonces recorrió con ambas manos mi columna vertebral. "Su columna está derecha —dijo con total incredulidad—. Delores, dígame lo que sucedió".

"Antes termine el examen", dije yo.

Él tocó mi hombro. Van no había hecho eso en dos años porque un simple toque en esa zona habría dado como resultado un dolor muy intenso. A medida que acercaba su mano hacia mi hombro, observaba para ver si yo me retiraba de él como hacía antes. "No he tocado su hombro en dos años y medio", dijo.

"Van, deme su mano", le dije, extendiendo la mía. Tomé su mano y la apreté; en aquel momento mi apretón era como el acero.

"¿Qué le ha sucedido?", volvió a preguntarme.

"No hemos terminado", respondí yo.

"Supongo que también quiere que utilice el alfiler, ¿no?", me preguntó.

"Sí", dije.

"Entonces póngase boca abajo y no mire", me dijo.

Tomó un alfiler y tocó mis piernas, brazos y estómago: todos los lugares donde yo no había tenido sensación durante años, sino sólo adormecimiento debido a las cordotomías. Incapaz de soportar más la curiosidad, dijo: "Muy bien, eso es todo. Dígame lo que ha sucedido, pero antes deje que me siente". Acercó una banqueta a la camilla y se sentó.

Yo le dije lo que había sucedido: todo. El médico se quedó sentado con su cabeza baja mientras yo le contaba la historia de mi sanidad milagrosa.

Corrían lágrimas por sus mejillas. "Ahora, Van, dígame usted cómo pudo haber sucedido esto", le dije yo.

En un rincón de mi mente, por alguna razón desconocida, yo seguía esperando que hubiese alguna explicación médica para lo que me había sucedido. Estaba buscando una salida, porque era demasiado para que mi mente lo entendiera. Yo esperaba que él me dijera: "Mire, Delores, esto es lo que sucedió de verdad", y después me diera una explicación racional.

Para mi gran disgusto, él me miró y dijo: "Delores, esto es verdaderamente un milagro; no hay ninguna otra manera". Entonces añadió: "Tiene usted trabajo que hacer para el Señor". Aquellas palabras me inquietaron, pues recordé que Kathryn Kuhlman me había dicho prácticamente lo mismo la noche en que fui sanada. Van seguía estando asombrado cuando Bill y yo salimos de su consulta y nos fuimos a casa.

Señales de nueva vida

Van no fue el único que quedó sorprendido. Un día mientras estaba en el trabajo, Bill se estaba riendo y bromeando, pasando un buen rato con algunos de los otros hombres. Su actitud alegre hizo que su amigo Lee le preguntase: "¿Por qué estás tan contento?". Lee sabía de mi enfermedad, y había entendido que yo me estaba muriendo; por eso se sorprendió de que Bill estuviera tan contento.

"¡Mi esposa fue sanada!", respondió Bill.

"¿De verdad? ¡Es estupendo!", exclamó Lee, con una gran sonrisa en su cara.

"¿Lo crees?", preguntó Bill, sorprendido por el interés de Lee.

"Claro, desde luego —dijo Lee—. ¿Crees que tu esposa vendría a nuestra iglesia y daría su testimonio?".

Bill tomó muy en serio las palabras de Lee. Cuando me habló de la conversación, yo le pregunté: "Bill, le dijiste que no, ¿verdad?".

"No", respondió él.

Bill, ¡sabes que yo no haría eso!", grité. Él no respondió.

Después de dejar que me calmase un poco, Bill preguntó otra vez: "¿Qué le digo a Lee sobre visitar su iglesia para decirle a la gente lo que te ha sucedido?".

Tras pensar en la pregunta durante algún tiempo, y con un empuje interior que me llevaba a aceptar la invitación, a regañadientes estuve de acuerdo en hacerlo. "Muy bien, sólo esta vez, pero no me pidas que lo haga de nuevo", le dije.

Pero no terminó ahí. Aquel jueves, llegó una hermosa mujer que había estado entrando y saliendo de nuestra casa durante años. Cuando ella entró en la sala donde yo estaba sentada, la miré. De repente, fue como si estuvieran pasando las páginas de un libro pornográfico y yo estuviera leyendo la historia de su vida.

Inmediatamente supe que ella era lesbiana y que estaba en medio de una aventura amorosa con otra mujer. "Oh, querido Dios, preferiría estar muerta que ver cosas como ésta", pensé. Era aterrador, incluso asqueroso. Vi escenas de su actividad y de repente todo terminó. Pero lo vi; era duro, y pecaminoso, y horrible.

No había nada que yo supiera hacer para ayudarla, así que se quedó durante un rato y después se fue. Después de eso deje de responder al teléfono. No quería que ninguna otra persona llegase a mi casa y viera a la mujer aparentemente loca en que yo me había convertido. En ese momento no entendía lo que Dios estaba haciendo.

La experiencia fue sólo otro episodio que me convenció de que quizá me había vuelto loca. Maggie Hartner, una cercana colaboradora de Kathryn Kuhlman, comenzó a llamarme todos los días, pero yo ni siquiera podía decirle lo que estaba sucediendo.

La gente en nuestra iglesia no entendía la sanidad. Nunca habían recibido ninguna enseñanza sobre el tema, y no se hablaba de ello públicamente en la iglesia. Por tanto, mi sanidad fue rechazada por la gente, y eso me dolió.

Había una mujer en la iglesia que había sido muy buena para visitarme durante las últimas etapas de mi enfermedad. Un día me llamó y me preguntó si podíamos comer juntas. Yo le dije: "Sí, me encantaría".

Fuimos a un restaurante, y allí ella me contó una increíble historia que me hizo llorar. "Delores, sé por lo que estás pasando", comenzó.

"¿Qué quieres decir?", le pregunté.

"Sé que las personas te han rechazado, y cómo te sientes". Entonces añadió: "Quiero contarte una historia". Me contó una de las historias más tristes que haya oído jamás.

"Yo fui una paciente mental en una institución después del nacimiento de mi hijo —dijo—. Los médicos le dijeron a mi esposo que nunca me recuperaría, pues estaba demasiado enferma. Pero allí, en el hospital mental, Jesús se apareció a mí y me sanó. Poco tiempo después me dieron de alta". Su cara se entristecía mientras seguía contando la historia. "Pero la gente en la iglesia no quería tener nada que ver conmigo, así que tuvimos que mudarnos. Vinimos aquí, donde nadie conocía la historia. Por eso sé por lo que tú estás pasando".

Ella dijo que el rechazo de las personas en su iglesia casi la desmoronó de nuevo, haciendo que estuviera al borde de tener que regresar a la institución mental. "Pero Dios estuvo a mi lado. Nos mudamos. Nadie aquí sabe nada al respecto", dijo ella suspirando. Después de escuchar esa historia de aquella querida mujer, entendí mejor el rechazo que yo estaba recibiendo de las personas en mi iglesia.

Al domingo siguiente, condujimos hasta la pequeña iglesia Foursquare en Dallas donde yo iba a dar mi testimonio. Lee nos recibió y parecía muy emocionado de que estuviéramos allí.

Yo no estaba preparada para lo que experimenté aquella mañana en la iglesia Foursquare. Dios realmente me trató con dureza, probablemente porque yo estaba siendo muy testaruda con respecto a mi sanidad. Aún quería utilizar la razón y la lógica para describir y entender lo que me había sucedido.

Mientras estábamos sentados allí en la iglesia Foursquare, una mujer llamada Brenda acudió a la reunión. Un poco después, el pastor anunció que Brenda cantaría. Ella subió a la plataforma llevando una cinta grabadora, y dijo: "Esta semana oí una nueva canción y me encantó. Quiero cantarla para ustedes hoy". La canción hablaba del poder sanador de Dios.

En aquel momento, yo no entendía lo escéptica que era en cuanto a todo. Cuando Brenda comenzó a cantar sobre sanidad, yo pensé con sarcasmo: "Vaya, esto de verdad es propaganda". Mi corazón estaba lleno de resentimiento.

Después de que Brenda cantase, el pastor caminó hacia el púlpito y me presentó a la congregación. Mientras yo caminaba hacia la plataforma, Brenda se puso de pie y dio una profecía. Era la primera que yo había oído jamás.

La profecía fue dada en "lenguas", pero yo la escuché en perfecto inglés. Yo no sabía que se había pronunciado en lenguas. Lo que oí me enfureció y me asustó. Ella tuvo la audacia de entrar en mi vida para los siguientes 20 años. Allí estaba yo, agarrada al púlpito, enfureciéndome cada vez más. La mujer estaba profetizando sobre cómo Dios iba a utilizarme en su obra.

"¿Por qué está diciendo esas cosas?", me preguntaba a mí misma, enfurecida en mi interior. "¡Eso no es cierto! ¡Yo no voy a hacer eso! ¡Y todas estas personas lo están oyendo!".

Brenda terminó la profecía. Entonces yo relaté batallando el testimonio de mi sanidad, entrando en detalle sobre todo lo que había sucedido.

Después de terminar, realmente "me perdí". La esposa del

ministro se acercó a mí, me agarró y dijo: "Oh, necesito un toque de Dios, y quiero abrazarla".

"¡No me abrace!", le dije yo rudamente mientras me retiraba de ella disgustada. "Yo no tengo nada para usted". Estaba furiosa cuando nos fuimos de la iglesia aquella mañana. La experiencia en la iglesia Foursquare realmente derribó todos mis apoyos. ¡Yo había terminado!

Mientras conducíamos de regreso a Arlington, Bill dijo: "El testimonio estuvo bien". Yo no recordaba en realidad lo que había dicho; lo único que recordaba era la repulsión de tener que hacerlo. Sin embargo, debió de haber estado bien; el ministro (que era un hombre dulce) me invitó a regresar y hablar otra vez en la iglesia; incluso después del modo en que traté a su esposa.

Mientras regresábamos a casa, yo estaba cada vez más furiosa. Finalmente, rompí el silencio y dije: "Bill, ¡no me pidas nunca que vuelva a hacer eso! ¡Ya está! ¡Lo conseguiste! ¡No quiero volver a oír hablar de ello otra vez!".

Chris iba sentado en silencio en el asiento trasero, escuchando con intención. "¿Por qué? ¿Qué pasa?", preguntó.

"¡Lo que dijo esa mujer, Brenda! ¿Por qué se puso de pie allí y dijo todas esas cosas? ¡Ella ni siquiera me conoce!".

"¿Qué dijo ella?", preguntó Bill. Entonces me enfurecí de verdad.

"¿Qué quieres decir con que qué dijo?", pregunté.

Entonces me di cuenta de que ni Bill ni Chris habían entendido lo que Brenda había dicho, porque ella había hablado en lenguas. ¿Pero por qué lo entendí yo, cada una de sus palabras? Sin tener ninguna enseñanza ni experiencia con las lenguas, pensé otra vez que me estaba volviendo loca, y comencé a llorar.

Después de llegar a casa, llamé al pastor de la iglesia Foursquare y le pregunté si él había entendido la profecía de Brenda.

Me dijo que no, pero que sentía que había sido una profecía personal para mí. Él pensaba que quizá el Señor estuviera bosquejando mi ministerio.

Todo eso era demasiado para mí; tenía que alejarme de ello. Maggie Hartner, la asociada de Kathryn, me llamó al día siguiente. Yo le conté la experiencia con la esposa del pastor y que ella quería abrazarme a fin de obtener un toque del Señor. Le hablé de la profecía, y Maggie me dijo que lo hablaría con Kathryn. Entonces añadió: "Siento que no debería haber sido usted tan cortante con esa mujer".

Kathryn Kuhlman le dijo a Maggie que me dijese que señalase a la gente hacia Jesús diciendo: "No puede usted conectarse conmigo. Debe conectarse a Jesús". Aquel fue realmente un buen consejo.

No loca, ¡sino bautizada!

Para complicar todos los demás problemas personales que yo tenía, mi teléfono sonaba sin parar. Kathryn Kuhlman me había hecho dar mi nombre y dirección a las 3000 personas que estaban presentes la noche en que fui sanada; muchas de ellas llamaban para preguntar si mi sanidad era genuina y si había durado. Querían saber cómo me sentía y hacían muchas otras preguntas fastidiosas.

Durante aquellos días, Satanás intentó apoderarse de mi mente. Yo me ponía delante del espejo y me miraba. Me veía bien, pero algo seguía diciéndome que era sólo una ilusión causada por todos los medicamentos que había tomado durante mi enfermedad.

Yo estaba convencida de que me había vuelto loca. Uno de los mayores temores que soporté durante mi enfermedad fue que los analgésicos y tranquilizantes destruyeran mi mente. Satanás me convenció de que eso había sucedido.

Dejé de contestar al teléfono porque sentía que ya no podía decirle a nadie más que había sido sanada.

Entonces Dios envió a Velma Despain a mi vida otra vez. Ella sencillamente apareció y dijo: "¿Te gustaría ir a dar una vuelta?".

"Sí —respondí—, haré cualquier cosa para salir de esta casa y alejarme de ese teléfono".

Velma me llevó a dar una vuelta, justamente hasta un predicador de las Asambleas de Dios. Él nos invitó a su estudio. "Velma me dijo que debería conocerla. He intentado contactarme con usted pero no he podido, así que le pedí a Dios que la enviase a mí".

Yo sentí vergüenza de decirle que no había estado respondiendo al teléfono. Quería correr y esconderme, pero decidí quedarme y escucharle.

"Usted fue bautizada cuando fue sanada, ¿no?", preguntó él.

"No, me bautizaron en la iglesia metodista cuando era pequeña", respondí yo.

Entonces él se dio cuenta de que yo no entendía de qué me estaba hablando.

Realmente me quedé asombrada cuando él dijo que Dios le había revelado lo que me había sucedido, aunque nunca me había visto en toda mi vida. y yo pensé: "Él está tan loco como yo".

Entonces él comenzó a hacerme preguntas, y supe que estaba loca.

Me preguntó: "¿Oye palabras extrañas?".

"No", respondí.

"¿Sabe algunas cosas que cree que no debería saber?", siguió preguntando.

Esa pregunta me dejó perpleja; no podía contestar.

"¿No está diciendo palabras extrañas?", continuó él.

"No", respondí tercamente.

"¿Tiene palabras extrañas en su cabeza?", preguntó.

Entonces comencé a llorar. "¿Sabe lo que le ha sucedido?", preguntó.

"Sí, me he vuelto loca", dije yo llorando mucho.

"No, no es así —me aseguró el amable ministro—. Usted fue bautizada en el Espíritu Santo cuando fue sanada, y recibió algunos dones". A medida que pude volver a controlarme, seguí escuchando.

"¿Conoce sobre el Espíritu Santo?", me preguntó.

"No", respondí.

El ministro agarró su Biblia y comenzó a enseñarme. Leyó donde Jesús les dijo a los discípulos que Él es quien bautiza en el Espíritu Santo; entonces leyó donde Jesús les dijo a sus discípulos que esperasen hasta que el Espíritu Santo descendiese sobre ellos. Ellos esperaron en obediencia hasta que el poder del Espíritu Santo cayó en Pentecostés. Entonces Pedro, capacitado por el Espíritu Santo, comenzó a testificar y a predicar a los romanos sin preocuparse por su seguridad personal debido a la valentía que había recibido cuando el Espíritu Santo cayó sobre él.

Aquel amable y paciente ministro también me enseñó sobre los dones y el fruto del Espíritu.

"Pero todo eso no es para el presente. Eso ya no sucede", dije yo.

"¿Qué cree que le sucedió a usted? —preguntó amablemente—. ¿Cómo fue sanada si no es por el poder milagroso de Dios?".

Aún batallando con mi propia perspectiva, repetí: "Esto no es válido para el presente. La sanidad cesó después de la era apostólica.

"No, Delores, la Biblia no enseña eso. El hombre dice eso, no Dios —me dijo el pastor—. ¿Puede mostrarme en la Palabra de Dios dónde retira Él al Espíritu Santo o revoca los dones del Espíritu?".

"No, no puedo", fue mi respuesta.

"No, porque Él nunca lo hizo", dijo. Entonces me preguntó si yo tenía alguna pregunta.

"¿Sabré siempre cosas malas sobre la gente?", le pregunté.

"No, no a menos que Dios vaya a utilizarla para liberarlas o para ayudarlas", respondió él.

Siempre con mucha lentitud, mis ojos espirituales comenzaron a abrirse. Entendí que no me estaba volviendo loca; Dios me había bautizado en el Espíritu Santo.

Cuando Velma y yo regresábamos a mi casa, las cosas parecían mucho mejores. Seguía habiendo algunas preguntas sin responder en mi mente, pero Dios estaba poniendo en su lugar las piezas de ese rompecabezas gigante.

Poco tiempo después, la mujer que Dios me reveló que era lesbiana volvió a visitarme. Por alguna razón desconocida para mí, ella comenzó a relatarme su historia, tal como yo la había visto en el Espíritu.

A medida que ella contaba la historia, sucedió algo extraño; era como si Dios estuviera escribiendo en la palma de mi mano cuatro cosas que ella tenía que hacer para ser libre. Yo miré las cuatro cosas; eran tan sencillas que estaba convencida de que no funcionarían. "Sé que esto no funcionará, pero hay cuatro cosas que yo veo que usted debería hacer", le dije. Entonces las compartí con ella.

La primera era arrepentirse verdaderamente y pedir a Dios que le perdonara. A medida que completé las cuatro cosas que Dios le pidió que hiciera, inmediatamente olvidé las tres últimas, y no las recuerdo hasta la fecha. Aquellas tres eran sólo para ella. Ese día la mujer se puso de rodillas en mi sala y se arrepintió de verdad.

Cuando se fue, Satanás comenzó a golpearme en todo lugar. "Vaya, realmente te pusiste en evidencia —me dijo—. ¿Cómo pensaste que podías ayudarla? Es su vida, y te estás inmiscuyendo. ¿Qué crees que estás haciendo? Te crees muy lista". Me sentí terriblemente mal.

Pero dos meses después, la mujer regresó a nuestra casa. Al entrar, lo primero que ella dijo fue: "¡Soy libre! Lo hice y soy libre".

Yo me quedé totalmente sorprendida. ¿Cómo podía ser? ¡Era otro milagro! Años después, ella *sigue siendo* libre. No hay pensamiento alguno de su pecado anterior. Ella tiene gratitud en su corazón porque Jesús la liberó.

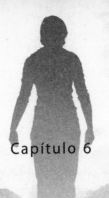

Capítulo 6

LA RENDICIÓN

*Más bien, busquen primeramente el reino de Dios y su justicia,
y todas estas cosas les serán añadidas.*

(Mateo 6:33)

"¡Gloria a Dios, aquel primer año después de mi sanidad fue horrible!". Luché con Bill; él luchó conmigo. Bill insistía en que yo aceptase las invitaciones que había recibido para hablar en iglesias. Yo insistía en quedarme en casa, plantar flores y ocuparme de mi familia, algo que no había podido hacer durante diecinueve años y medio. Había una batalla constante en nuestra casa. Duró semanas... incluso meses.

El problema era que Delores Winder estaba en el asiento del conductor, y no Dios. Nada funciona muy bien cuando esos puestos están intercambiados en nuestra vida.

Después de mi sanidad, Bill había comenzado a pasar largas horas leyendo la Palabra de Dios. A lo largo de los meses fue salvo, bautizado en el Espíritu Santo y se volvió mucho más efectivo y obediente espiritualmente de lo que era.

Yo hasta intenté decirle a Dios qué hacer. ¿Puede imaginar eso? Después de aceptar una invitación para hablar en una iglesia, yo decía: "Bien, Dios. Iré y les contaré lo que me sucedió, pero no sanes a nadie".

Entonces las cosas se volvieron muy ordenadas. Unos días después de la reunión escribían personas para decir que habían sido sanadas mientras yo hablaba. Yo decía: "Muy bien, Dios. Acepto eso. Puedes hacer eso". Estaba totalmente llena de rebelión. ¿Puede imaginarme a mí, de entre toda la gente, diciéndole a Dios lo que Él podía y no podía hacer, y cómo podía hacerlo?

Maratón de testimonios

Un par de semanas después de mi sanidad, recibí una llamada de Maggie. Me dijo que Kathryn quería que yo fuese a la ciudad de Oklahoma para dar mi testimonio durante una reunión allí; también me pidió que llevase mi férula de escayola y mi collarín. Le dije a Maggie que me diera tiempo para pensarlo.

Bill y Chris querían ir. Bill supo inmediatamente por qué me habían invitado; pero yo era muy tonta, muy ingenua. Realmente no podía imaginar por qué me invitaron, y en particular por qué querían que llevase la férula y el collarín, esos símbolos de tanto dolor y sufrimiento en mi vida. Finalmente, consentí.

Cuando llegamos al auditorio en la ciudad de Oklahoma donde Kathryn Kuhlman iba a ministrar, conocimos a varias personas que habían estado en Dallas la noche en que fui sanada. Yo intentaba apartar de ellos mi férula y mi collarín; no quería que me viesen con esas cosas.

Comenzó la reunión y hubo cantos y música especial de Jimmy McDonald. Bill, Chris y yo nos sentamos en el gran auditorio disfrutando de la música.

Kathryn salió al escenario con su porte normal, diciendo grandiosamente: "¡Yo creo en los milagros!". Ella habló durante un rato, y entonces se giró abruptamente hacia Jimmy McDonald y dijo: "Jimmy, hace un par de semanas en Dallas vimos a una mujer sanada, y usted se quedó allí llorando. Quiero que vea a esa mujer hoy". Entonces Donnie, uno de los miembros de su equipo, se acercó hasta mí. De repente, entendí por qué ella me había invitado a la reunión.

Allí estábamos en un auditorio grande y lleno por completo, y Kathryn Kuhlman me estaba pidiendo que pasara al frente de toda aquella multitud y les contara lo que me había sucedido en Dallas. La multitud no me asustaba. Yo sólo quería que me dejaran tranquila para poder vivir mi propia vida, ajustarme a mi sanidad y seguir adelante con mis cosas.

Agarré el brazo de Bill. Él tomó mi mano y la puso otra vez en mi regazo. Bill me estaba soltando y no iba a protegerme; aquello fue decepcionante para mí. Yo estaba en total rebelión, así que el Señor obró por medio de Bill. Cuando Donnie llegó hasta donde estábamos sentados, agarré la férula y el collarín y se los acerqué.

"No, ella quiere que vaya usted", dijo Donnie con calma.

"No voy a ir", dije yo.

Kathryn nos miró, sonrió y dijo: "Ella no quiere tener nada que ver conmigo; yo no le caigo bien". La audiencia estalló a reír, y Kathryn también se rió. Se reía porque había visto a muchas otras personas que habían sido sanadas en sus reuniones comportarse del mismo modo.

De repente, me dije a mí misma: "Muy bien, ¡se lo mostraré!". Me puse de pie y caminé hasta el frente del auditorio, y después subí a la plataforma.

"Dígale a la gente lo que le sucedió", ordenó Kathryn a su propia manera, inimitable y persuasiva. Entonces ella puso su mano sobre mi espalda; yo estaba tan cerca del micrófono que no podía moverme.

Le conté a la gente de mi sanidad en Dallas. Después de que terminó mi testimonio, Kathryn me ordenó que me inclinase.

Yo me incliné y toqué mis pies, aunque llevaba zapatos de tacón aquella noche por primera vez en muchos años.

Entonces Kathryn preguntó: "¿Está todo bien ahora?".

La rebelión surgió en mi interior y respondí: "Sigo teniendo una mano dormida, y me quema alrededor de la espalda".

"Veamos lo que el Señor hará respecto a eso esta noche", dijo Kathryn. Cuando ella me tocó, caí al piso.

No estoy segura de cuánto tiempo permanecí allí, pero cuando me desperté ya no tenía la mano adormecida ni la sensación de ardor en mi espalda.

Más adelante, entendí que el ardor en mi espalda estaba alrededor de la zona donde habían intentado varias veces fundir hueso nuevo a mis vértebras. Ahora el dolor se había ido por completo, para no volver nunca.

Mientras regresábamos a casa aquella noche, yo estaba destrozada en mi interior. Decidí que mi corazón que nunca más hablaría delante de una multitud como aquella ni me acercaría a Kathryn Kuhlman.

La semana siguiente recibí otra llamada de Maggie Hartner pidiéndome que fuese a California para hacer una grabación de mi testimonio con Kathryn. Le dije a Maggie: "De ninguna manera lo haré. ¡No quiero estar cerca de esa mujer otra vez!".

Entonces comencé a tener espasmos musculares en mi espalda. Bill me dijo que fuese a California.

"No, ¡no iré!", le grité.

"Sí, irás. Les debes eso", dijo él.

"No les debo nada", respondí yo.

"Irás", dijo Bill.

"No puedo ir y decir que estoy sana cuando estoy teniendo espasmos en mi espalda", dije intentando justificar mi rebelión.

Bill siguió diciéndome una y otra vez: "Te librarás de esos

espasmos musculares en el momento en que decidas asistir a California".

Finalmente, me rendí y decidí ir. Escribí una carta a Maggie y le dije que prefería esperar e ir a California en noviembre, en lugar de hacerlo en octubre como había querido Kathryn. Estaba intentando ganar tiempo.

Cuando llevé la carta al correo, hice una oración: "Señor, ayúdales a que se olviden de mí". En cuanto envié la carta, los espasmos musculares cesaron, tal como Bill había predicho.

Me sentía atrapada en una trampa; cada vez que intentaba huir, la trampa se cerraba. Era un sentimiento horrible. No había entendido que Dios estaba tratando conmigo por medio de Kathryn Kuhlman; pero Él lo estaba haciendo. Tenía que utilizar a alguien en quien Él podía confiar. Ese alguien seguramente no era yo.

Dios siguió instándome a hacer cosas, y yo seguía posponiéndolas. Cada tarde, cuando llegaba el momento de que Bill regresara a casa del trabajo, yo me molestaba. Estaba convencida de que él podía leer mi mente; él siempre me decía cosas que yo debería hacer, cosas que ya estaban en mi mente. Yo pensaba para mí: "Tengo que librarme de este pensamiento antes de que Bill llegue".

Cuando Bill entraba por la puerta, decía: "Mira, hay algo que creo que necesitas hacer". Y yo me estremecía por dentro. Mi esposo estaba escuchando cosas de parte del Señor y siendo obediente. Yo estaba escuchando esas mismas cosas e intentaba huir de ellas. Fue un período confuso en nuestras vidas.

Llegó el momento de ir a California. Maggie me dijo que además de hacer la grabación con Kathryn, también quería que yo apareciese con Kathryn en una reunión en el auditorio Shrine en Los Angeles.

Por primera vez en 20 años, me encontraba en un avión y,

después de eso, sola en la habitación de un hotel. Después de llegar al hotel me sentí bastante bien. Bill no estaba allí "leyendo mi mente", y yo podía cerrar la puerta y mantener fuera a todo el mundo.

A la mañana siguiente llegaron para llevarme al estudio de la CBS para la grabación. Yo sabía que eso significaba estar sentada escuchando al equipo de Kathryn Kuhlman hablando de demonios, espíritus malignos, liberación y sanidad, cosas que yo no anhelaba oír.

A la mañana siguiente llamó uno de los ayudantes y me pidió que regresara al estudio.

"¿Por qué tengo que ir al estudio? —pregunté—. No grabaremos hasta el último día".

"Porque Kathryn quiere que usted esté allí", respondió el ayudante.

"Bien, de todos modos, ¿quién es Kathryn?", pregunté con sarcasmo. Todo aquello golpeaba mi vieja naturaleza y sacaba mis asperezas.

Algo muy inusual sucedió después de terminar de grabar. El equipo de cámaras de CBS, las mismas personas que trabajaban para Sonny y Cher, se acercaron y querían hablar sobre mi sanidad; me hicieron todo tipo de preguntas. "Esa es la primera vez que ellos han querido hablar con alguien en mi programa", me dijo Kathryn después.

Decidí ir a San Diego después de la grabación para ver a Winnie y Verne, dos de mis mejores amigos. Llamé a Winnie la noche anterior y le dije que tenía planeado visitarlos. Sólo dos meses antes, ellos me habían visitado en Arlington y me vieron moribunda.

"¿Dónde estás? ¿Estás es un hospital?", preguntó Winnie.

"Estoy en Los Angeles", respondí yo.

"¿Estás en un hospital?", preguntó de nuevo.

"No, voy a verles", le dije.

"¿Quién viene contigo?", me preguntó.

"Winnie, nos vemos mañana", le dije.

Winnie más adelante me dijo que después de colgar el teléfono, le dijo a Verne: "Delores está en Los Angeles en un hospital. Han encontrado algún modo de ayudarla".

Antes de llegar a San Diego, no me había dado cuenta de que tendría que caminar bajando la rampa en el aeropuerto. Winnie estaba esperando ver a alguien ayudándome a bajar del avión.

Cuando Verne y ella me vieron caminar yo sola, Verne casi se desplomó. Entré en la sala de espera de pasajeros y le vi sentado en una silla, blanco como la leche y temblando como una hoja seca. Él no dejaba de decir: "¡Oh Dios mío! ¡Oh Dios mío! ¿Qué ha sucedido?".

Desde luego, ellos no sabían nada sobre mi sanidad y querían saber todo al respecto.

La visita a Winnie y Verne fue agradable, pero fue bueno regresar a casa con Bill y Chris. Chris había cambiado tanto en el breve espacio de tiempo después de mi sanidad que tenía que estar agradecida, por él, de que yo siguiera viva; aunque no estuviera agradecido por mí misma.

Dos corazones sanados

Seguía recibiendo invitaciones para hablar en varias reuniones. Como siempre, yo le decía a Dios que no quería que hubiera personas sanadas durante las reuniones; le decía que agradecería si Él las sanaba después de que todo hubiera terminado, y que yo pudiera saberlo más adelante.

De alguna manera, el diablo me había convencido de que las manifestaciones de sanidad estaban en el borde de ser un espectáculo, y yo no quería verme a mí misma como una "sanadora de la fe de espectáculo". Pero una noche Dios dijo: "Ya basta de esto. Ya basta".

Cada vez había más personas que eran sanadas durante las reuniones, y no había nada que yo pudiera hacer al respecto. Pero fueron necesarios casi dos años antes de que yo pudiera aceptar que Dios me utilizara como canal de su poder sanador.

Una noche, me invitaron a ministrar a un grupo de personas en la base aérea de Barksdale en la ciudad de Bossier, Louisiana. Durante la reunión, el Señor me reveló que Él estaba sanando una enfermedad de corazón.

Por obediencia a Dios, invité a la persona que tenía la enfermedad de corazón a que levantase su mano y recibiera la sanidad. Nadie se movió, pero en mi espíritu yo sabía con seguridad que un corazón estaba siendo sanado. Entonces vi a un pequeño muchacho de pie en una silla con sus dos manos levantadas, pero le ignoré.

Repetí: "Sé que hay sanidad para el corazón esta noche".

La razón de que estuviera tan segura de que había alguien con una enfermedad de corazón entre la audiencia era que mi propio corazón se estaba comportando como el corazón que necesitaba ser sanado. El latido de mi corazón se volvió muy irregular, deteniéndose y después comenzando otra vez. Mientras yo seguía pidiendo que alguien reclamara la sanidad del corazón, la madre del pequeño muchacho puso su mano sobre el pecho de él para comprobar el latido.

Cuando mi propio corazón volvió a la normalidad, le dije a la audiencia: "El corazón está latiendo ahora regularmente. Por favor, reclámelo!". Nadie se movió. Oré: "Querido Dios, ¿por qué nadie lo acepta?". Pero nadie lo hizo.

Después de la reunión, la mamá del pequeño le llevó hasta mí. Se llamaba Eric. Su madre dijo que él había sido sanado;

ella había puesto su mano sobre el pecho de él y había sentido el latido de su corazón tal como yo lo había descrito.

Entonces, la mamá de Eric me contó una alentadora historia sobre su hijo. Me explicó que Eric era huérfano, y nadie le había adoptado hasta que tuvo un año de edad debido a su enfermedad de corazón. Las personas en la agencia de adopciones les dijeron a los posibles padres que Eric tendría que someterse a una operación de corazón cuando tuviera cinco años; también explicaron que sólo tenía un treinta por ciento de probabilidad de sobrevivir.

Aunque Eric estaba enfermo del corazón, esa mujer y su esposo estuvieron dispuestos a aceptarle como propio. Tenían programada la operación a corazón abierto para la semana siguiente.

Yo miré al pequeño de cinco años y le pregunté: "¿Quieres dar gracias a Jesús por haberte sanado?".

Él dijo: "Sí".

Yo hice una sencilla oración pidiendo a Dios que pusiera la seguridad en el corazón de Eric de que había sido verdaderamente sanado. Después de la oración, Eric me miró con sus brillantes ojos de color canela y dijo: "No deje nunca de orar". Sus palabras me partieron el corazón.

De repente, mi propia voluntad, toda mi rebelión y mi deseo de mantenerme alejada de la gente se desvanecieron. Aquella noche, después de que Eric dijera: "No deje nunca de orar", me rendí al Señor y le dije que estaba dispuesta a hacer cualquier cosa que Él quisiera que hiciera, y a ir donde Él quisiera que fuera: según las condiciones de Él.

Oh, qué alivio ser libre de la rebelión, dejar a Dios ser Dios. Fue como el amanecer de un nuevo y brillante día en mi vida. Fue el día que Dios había esperado con paciencia: el día en que mi corazón fue enderezado.

Algún tiempo después, recibimos una buena noticia de la mamá de Eric. Los médicos habían examinado a Eric y no habían encontrado nada incorrecto en su corazón. Nunca le realizaron la operación a corazón abierto. Dios le había sanado.

El don de compasión

Se produjo un gran cambio en mí después de haberme rendido a la voluntad de Dios. Me sentía mucho mejor y más feliz. Bill también se sentía mucho mejor; él ya no tenía que soportar mi rebelión como había hecho todos aquellos meses.

Nos habíamos convertido en buenos amigos de algunas de las personas en la iglesia metodista en Bedford. Ellos eran carismáticos y nos querían, y nos dieron la bienvenida a su congregación. Yo quería asistir a esa iglesia, pero Dios tenía otras ideas. El Señor le mostró a Bill cuando yo alcancé mi límite de poder como para sobrellevarlo en mi propia iglesia, y fue entonces cuando visitamos la iglesia en Bedford. Gracias a Dios, Él finalmente le reveló a Bill cuánto tiempo deberíamos permanecer en nuestra iglesia original.

El día en que Kathryn Kuhlman murió, estábamos asistiendo a una reunión en nuestra iglesia. Cuando concluyó el servicio, el ministro me hizo una seña para que me acercase donde él estaba.

"Siento la muerte de Kathryn Kuhlman", dijo él.

Yo le dije que Chris había llorado hasta más no poder cuando se enteró de su muerte. Le dije a mi pastor que había intentado consolar a Chris diciéndole: "Ella está en el cielo ahora, Chris. Puedo imaginármela entrando y diciendo: 'Vaya, esto es exactamente como yo pensaba, pero deberían poner esto aquí y aquello allá'. Puedo imaginarla reorganizando el cielo".

Después de oír lo que yo le había dicho a Chris, mi pastor me miró en silencio por un momento, y después dijo: "No es eso lo que yo veo".

"¿No?", pregunté. De repente, fue obvio que nuestra conversación se había vuelto bastante seria.

"Yo la veo al lado del Señor y diciendo: 'Señor, tú me utilizaste para sanar a una persona. Es Delores. ¿Está haciendo ella lo que tú quieres que haga?'".

Sus palabras me sorprendieron.

Entonces dije: "Bien, pastor, si no lo estoy, estoy segura de que lo estaré".

Él asintió, y aquella fue la última conversación que tuvimos desde entonces.

Durante la enfermedad de Kathryn, Dios me dio un gran amor y compasión por ella. El Señor me reveló por lo que ella estaba pasando. Yo sabía que no era fácil para ella; ella quizá fue una de las mujeres más grandes en nuestro siglo, uno de los vasos escogidos de Dios. Si no hubiera sido por ella, yo habría muerto siendo una inválida sin esperanza, sin conocer nunca el poder sanador del Espíritu Santo.

La última vez que asistimos a nuestra iglesia presbiteriana, el Señor se movió en mi corazón; fue una experiencia maravillosa. De repente, vi a aquellas personas en la iglesia con los ojos de Jesús. Por primera vez, los amaba y tenía compasión de ellos. Me había producido mucho dolor y tristeza que ellos me hubieran rechazado y que nunca hablasen conmigo abiertamente de mi sanidad; sin embargo, eso ya no me molestaba. Mi corazón sólo tenía amor y compasión por ellos.

Cuando salimos de la iglesia aquel día, el nudo en mi estómago se fue para nunca regresar. Dios nos mantuvo en aquella iglesia todo ese tiempo para mi sanidad interior. Si yo no hubiera aprendido a amar a esas personas y a tener compasión de ellas, Dios nunca podría haberme usado para servirle.

Todo el pan

Dios usó a Bill durante todo ese tiempo en que yo me negaba a escuchar su llamado. Alabo al Señor porque Él nunca tiró la toalla conmigo, ni siquiera en toda mi rebelión.

Desde luego, yo seguía teniendo visiones de quedarme en casa, cocinar y ocuparme de mi familia. Durante todo aquel tiempo, había otra cosa que seguía pasando por mi mente: visiones de ministerio. Inicialmente cerré la puerta, sin querer aceptarlo. Bill sabía lo que estaba sucediendo. Hasta que yo me rendí, Dios le utilizó para seguir moviéndome en la dirección correcta. Yo seguí pasando algunos momentos difíciles, pero las cosas mejoraron mucho.

Por ejemplo, un día mientras hablaba a un grupo, vi a Jesús. Estábamos sentados en un círculo grande, y cuando miré por la sala, Jesús estaba de pie allí. Yo sabía que era Jesús porque pude verle con mucha claridad. Él tenía una gran barra de pan en sus manos extendidas, y me miraba directamente a mí.

Yo dije: "Señor, no sé lo que estás diciendo".

De repente, Él se giró hacia mí. Vi un profundo dolor en sus ojos y supe lo que estaba diciendo.

"Traigo una hogaza de pan como ésta para cada uno de ustedes, y lo único que hacen es tomar un pequeño pedazo. Tengo la hogaza entera para ustedes; ¿por qué no la toman?", preguntaba el Señor.

La visión de Jesús y su pregunta me dejaron perpleja.

Entonces la Palabra de Dios me habló en Filipenses 4:19: "*Mi Dios, pues, suplirá todo lo que os falta conforme a sus riquezas en gloria en Cristo Jesús*" (RV-60).

Surgió una pregunta: "¿Cómo crees que es el cielo? Los ángeles le alaban sin cesar". El gozo del cielo es nuestro aquí, pero tenemos que extender nuestra mano y tomarlo. Debemos extender nuestra mano y tomar toda la hogaza, y no sólo unas migajas.

Después de ver a Jesús allí delante de mí sosteniendo la hogaza de pan, supe que tenía que tomarla toda para ser todo lo que Él quería que yo fuera. Y lo hice.

Cuando seguí la guía del Señor al ministerio de salvación y sanidad a tiempo completo, seguía habiendo algunas dudas en mi mente; pero Dios fue misericordioso y paciente, y respondió cada pregunta y venció cada duda.

Bill y yo creamos Fellowship Foundation Inc. cuando estábamos en Arlington. La organización serviría como el brazo físico de nuestro ministerio espiritual.

Durante algún tiempo, Bill y yo habíamos sentido el impulso interior de mudarnos a Shreveport, Louisiana, donde tendríamos nuestro hogar. Dios había establecido un fuerte grupo de colaboradores allí que prometieron ayudarnos en nuestro ministerio.

Dejar Arlington no fue una decisión sencilla. Nuestro hijo Doug, su esposa Ann y nuestros nietos vivían cerca, y nuestra mudanza nos llevaría lejos de ellos. Chris, que tenía 17 años en aquel momento, había vivido en Arlington desde que tenía un año. Tendría que dejar sus raíces, la única ciudad y hogar que había conocido jamás. Bill tendría que dejar su buen empleo y aceptar otro empleo por la mitad del sueldo. Pero Dios sencillamente dijo: "Este es el empleo que yo he ordenado".

Además, estaba la cuestión de la edad. Sentíamos que éramos demasiado mayores para comenzar un ministerio a tiempo completo, pero decidimos que si queríamos recibir toda la hogaza de pan que Jesús nos había ofrecido en la visión, tendríamos que hacer todo lo que Él quería y no lo que nosotros queríamos. Estábamos convencidos de que era su voluntad para nosotros que nos mudáramos. Dimos un paso de fe, decididos a vivir día a día. Sabíamos que Dios se ocuparía de todas nuestras necesidades.

En 1976 Dios envía a Bill y Delores Winder a un ministerio de sanidad para su pueblo.

Dios nos reveló que Él nunca nos abandonaría, y que nunca tendríamos necesidad. Si caminamos con Él hoy, tenemos la seguridad de que Él se ocupará de todos nuestros mañanas.

¿Acaso no ha prometido Él: *"Y les aseguro que estaré con ustedes siempre, hasta el fin del mundo"* (Mateo 28:20)?

Aceptamos la amorosa invitación de Dios de mudarnos a Shreveport. Los días y años de ministerio estaban totalmente en las manos del Señor, porque era el ministerio de Él, y nosotros éramos bienaventurados de formar parte de él.

Capítulo 7

EL MINISTERIO

Juan bautizó con agua,
pero dentro de pocos días ustedes serán bautizados
con el Espíritu Santo.

(Hechos 1:5)

Aunque yo no lo entendí en ese momento, cuando Dios me sanó aquella noche inolvidable también me bautizó en el Espíritu Santo. Entonces me otorgó el don de sanidad, como lo explica el apóstol Pablo en el capítulo 12 de 1 Corintios.

A lo largo de los meses, el Señor nos enseñó a Bill y a mí el significado del bautismo. Hasta que recibimos ese bautismo y somos llenos, no podemos manifestar de modo coherente el fruto del Espíritu.

Dios quiere estar dentro de nosotros y limpiarnos totalmente desde dentro. Sin el bautismo del Espíritu Santo es difícil tener el pleno gozo del Señor. Esa es la razón de que muchos cristianos estén tristes cuando se sientan en las reuniones de adoración de la iglesia los domingos, sin saber por qué.

Uno siempre sabe cuándo está con cristianos llenos del Espíritu porque hay mucho gozo entre ellos. Hay una luz en sus ojos que nunca se apaga. ¿Por qué? Porque tienen la plenitud del Espíritu en su interior.

Yo tuve que recibir el bautismo cuando fui sanada porque no sabía cómo amar a la gente. Oh, yo podía en cierto modo amar a mi familia y quizá a alguien que tuviera problemas; pero no podía acercarme a alguien, rodearle con mis brazos y decirle "te amo". El amor es el fruto básico del Espíritu. Dios no podía utilizarme plenamente hasta que yo demostrase el amor de Jesús por otras personas.

La gente me pregunta en la actualidad: "¿Por qué necesito el bautismo en el Espíritu Santo?".

Mi respuesta es: "Porque Jesús mandó recibir el bautismo. Eso nos sana, y sin él no podemos ser sanos". El bautismo produce valentía para testificar en nuestras vidas; también produce sanidad para nosotros. Cuando nuestro espíritu es sanado, con frecuencia resulta una sanidad física.

El milagro de Sandy

Bill y yo no éramos ajenos al ministerio, solamente nuevos en la sanidad física. Durante aquellos largos meses de preparación, Dios ya había realizado algunas sanidades milagrosas. Recuerdo la primera vez que tuve que tratar con un paciente terminal.

Janice, la esposa de un ministro, me pidió si la acompañaría a Houston, Texas, para orar por su amiga Sandy, que tenía 26 años de edad y se estaba muriendo de cáncer. Los cirujanos en Texas, donde Sandy vivía, le habían quitado uno de sus pechos y habían realizado una colostomía, permitiendo que sus intestinos se movieran y expulsaran los desechos mediante un tubo a una bolsa plástica adosada a su costado. De muestras tomadas de sus glándulas, los cirujanos supieron que ella estaba llena de cáncer, y por eso la enviaron al hospital M.D. Anderson para ver si había algo que pudiera hacerse por ella. Fue allí donde los radiólogos descubrieron nuevos puntos en su hígado. El cáncer se había extendido por todo su cuerpo.

Janice y yo decidimos conducir hasta Houston, rentar una habitación e ir al hospital la mañana siguiente para orar por Sandy; sin embargo, cuando llegamos a Houston era obvio que Satanás estaba intentando evitar que orásemos por ella. Había tantas convenciones en la ciudad que todos los hoteles y moteles estaban llenos. Ya que Janice estaba embarazada, e iba a tener su bebé en cualquier momento, teníamos que encontrar un lugar donde quedarnos.

Pensamos que quizá debiéramos regresar a casa, pero de repente —en mi espíritu— supe que no debíamos irnos. Satanás estaba lanzando obstáculos a nuestro camino y no quería que orásemos por Sandy.

Janice tenía una tía y un tío que vivían en Houston; pensamos que podríamos quedarnos con ellos. Llamamos cuatro veces, pero no hubo respuesta. A las 10:30 de la noche nos estábamos desesperando un poco.

Finalmente, le dije a Janice: "Nos vamos a quedar en Houston aunque tengamos que dormir en el auto. Aunque tengas el bebé en el auto, Dios se ocupará de nosotras".

Janice estuvo de acuerdo con esa confesión positiva. La siguiente vez que llamamos a su tío y su tía, ellos estaban en casa y nos invitaron a pasar allí la noche. A la mañana siguiente, fuimos al hospital M.D. Anderson para ver a Sandy.

Cuando llegamos a su habitación, una enfermera nos dijo que ya la habían llevado abajo para hacerle pruebas, y que probablemente estaría allí casi todo el día. Entramos en la habitación donde su madre estaba esperando mientras le hacían las pruebas.

Cuando la saludamos, ella dijo: "Se acaban de llevar a Sandy.

No han podido verla. Probablemente no regresará hasta bien entrada esta tarde".

"No, eso no es correcto —dije yo— Vamos a orar".

Oramos y pedimos a Dios que hiciera un milagro y que llevasen a Sandy otra vez a la habitación. Entonces esperamos. Unos minutos después, se abrió la puerta del elevador y dos camilleros llevaron a Sandy a la habitación.

Ella nos dijo que, por alguna razón desconocida, había preguntado a sus médicos si podía regresar a su habitación durante una hora, aunque no sabía que nosotras íbamos a ir a visitarla.

Yo eché un vistazo a su estado debilitado y dije: "Dios, no voy a hablar a esta muchacha sobre sanidad al menos que tú me demuestres de manera inequívoca que tengo que hacerlo. Ella está muy cerca de la muerte".

Janice había llevado tres libros para dárselos a Sandy. Entre ellos estaba *The Miracles* [Los milagros] escrito por el Dr. Richard Casdorph, que incluía un capítulo sobre mi sanidad milagrosa. Ella puso los libros sobre una mesa que había al lado de la cama de Sandy; *The Miracles* estaba entre los otros libros. (Véase el Apéndice para leer el capítulo completo sobre mi caso).

Sandy agarró los libros y comenzó a hojearlos. Vio *The Miracles* y lo abrió.

"*The Miracles*. ¿De qué trata?", preguntó.

"Sandy, trata de personas que fueron sanadas", respondió Janice.

"Ah", dijo Sandy y dejó el libro.

Yo le dije al Señor: "Lo siento. Eso no es lo suficiente para mí. No con esta mujer que se está muriendo de cáncer. Vas a tener que mostrarme algo más definido que eso".

Unos minutos después, Sandy agarró otra vez *The Miracles*, lo abrió y dijo: "Delores Winder; esa es usted. ¿Fue usted sanada?".

"Sí", respondí.

Entonces dije: "Muy bien, Señor, le hablaré sobre la sanidad".

Así que le conté a Sandy lo que Dios había hecho por mí.

"¿Quiere decir que se estaba muriendo y fue sanada?", preguntó ella.

"Sí", dije yo.

"Eso es realmente importante", dijo ella.

"¿Lo cree?", le pregunté.

"Sí", respondió ella.

Oramos por su sanidad. Cuando terminamos la oración, los camilleros habían regresado con una camilla para llevarla otra vez abajo y continuar con las pruebas. Cuando salíamos de la habitación, llegó su esposo.

Ella habló con él durante un minuto y después nos miró a Janice y a mí y dijo: "No se vayan".

Janice y yo nos dimos cuenta de que su cara se veía completamente distinta.

"Hay algo diferente en ella", dijo Janice.

"Sí, así es", añadí.

Los camilleros la llevaron abajo, pero la tuvieron allí poco tiempo. Después la llevaron otra vez a la habitación y la pusieron en la cama.

Cuando los camilleros se habían ido, Sandy se bajó de la cama y dijo: "Me voy a dar un baño. Me siento sucia, y mi cabello está sucio".

Una enfermera que pasaba por la puerta miró y vio a Sandy bajarse de la cama. Enseguida entró a la habitación y dijo: "¡No puede hacer eso!".

"Claro que puedo", respondió Sandy mientras entraba en el

cuarto de baño. Abrió el grifo de la bañera y comenzó a cantar mientras lavaba su cabello.

La enfermera regresó con dos camilleros para ayudar a Sandy a volver a la cama. Cuando la oyeron cantar en el baño, se dieron la vuelta y se fueron.

Ella salió del baño con una toalla alrededor de su cabeza y dijo: "¡Me siento muy bien!". Entonces se sentó en la cama.

Aquella tarde, los médicos enviaron a buscar a Sandy. Querían darle un informe sobre las pruebas que habían realizado después de que hubiéramos orado por ella esa mañana.

Antes de salir de la habitación ella me dijo: "No se vayan; necesito que estén aquí hasta que oigamos lo que los médicos tienen que decir".

Una vez más, la llevaron abajo donde Sandy se reunió con los 12 médicos que estaban trabajando en su caso.

Los médicos estaban sorprendidos, y le dieron los milagrosos resultados. Uno de los médicos salió de la sala y dijo: "¿Han oído que no pudieron encontrar nada?".

"No", respondí yo sonriendo.

"Encontraron el cáncer antes, pero no pudieron encontrarlo esta vez", añadió el médico.

Sandy parecía una mujer nueva cuando la llevaron de nuevo a la habitación. ¡Fue un tiempo de gran regocijo en el Señor! Pero uno de los médicos dijo que ella debería seguir adelante con el tratamiento y recibir quimioterapia. Yo le dije: "Pida a Dios que cierre la puerta si Él no quiere que lo haga".

Aquel día ella les dijo a los médicos que quería irse al apartamento donde su madre y su esposo estaban viviendo mientras estaban en Houston. El médico consintió pero le pidió que regresara unos días después para la quimioterapia. Cuando ella regresó al hospital el jueves para la quimioterapia, el Señor había cerrado la puerta por medio de su propio médico. Él le dijo: "Sandy, creo que esperaremos hasta el próximo martes para comenzar el tratamiento".

Sandy siguió orando con respecto a si debería recibir tratamientos de quimioterapia. Cuando volvió a ver al médico el martes, él la miró y dijo: "No quiero hacer nada hoy. ¿Por qué no la enviamos a casa durante tres semanas? Entonces veremos cómo está.

Varias semanas después, Sandy llegó a mi casa y tocó la puerta. Cuando yo abrí la puerta ni siquiera la reconocía.

"No sabe quién soy, ¿verdad?", dijo ella.

"No, no lo sé", fue mi respuesta.

"Soy Sandy", dijo ella sonriendo.

¡Qué bendición fue entender la bondad de Dios al sanarla! Envió sensaciones de gozo por todo mi cuerpo, y surgió alabanza en mi corazón.

A menudo me preguntan: "¿Por qué la gente tiene tanto miedo al cáncer?". Yo creo que es una seria herramienta del diablo, y él ha hecho que la gente tenga demasiado temor al cáncer. Los médicos alimentan ese temor al decir: "Oh, es cáncer. No hay nada que podamos hacer". Dios me ha revelado que en cuanto a su poder de sanidad se trata, el cáncer no es nada más grave que un resfriado común; sin embargo, la mayoría de las personas reaccionan a la enfermedad con mucho miedo, y ese miedo es un gran obstáculo para su sanidad.

Sanidad, milagros y salvación

Durante aquellos primeros tiempos, el Señor seguía hablándome y diciéndome: "Mantén el equilibrio y educa a mi pueblo".

¡Eso lo es todo! Tener un buen equilibrio es la primera prioridad en la predicación del evangelio. Desgraciadamente, entre los creyentes bautizados en el Espíritu en la actualidad no hay un énfasis lo suficientemente fuerte en ganar a las personas para el Señor. Las personas quieren ver milagros; se emocionan, pero pronto olvidan que la primera prioridad de Jesús es llevar a la gente al reino; no los milagros, no la sanidad, no la liberación, sino la *salvación*.

Durante todas nuestras reuniones de sanidad, Bill y yo hacemos hincapié en esa primera prioridad: las personas deben ser salvas. ¿Qué bien hará la sanidad para las personas si se mueren y van al infierno?

Me sorprende cuántos miembros de las iglesias no son salvos. Los conocemos y tratamos con ellos todo el tiempo. Nunca deberíamos dar por sentada la salvación de una persona solamente porque el nombre de esa persona esté en los libros de la iglesia.

Las iglesias se han vuelto tan orientadas a lo social que muchas personas que están en ellas son totalmente inconscientes de la necesidad de entregar sus vidas a Jesucristo. Recuerde que la palabra *salvación* se relaciona con la persona completa: cuerpo, alma y espíritu. Significa salvación del pecado y de la muerte, pero también incluye sanidad y liberación. Jesús vino para ministrar a la persona completa; debemos seguir su ejemplo.

A medida que se difundió la palabra de mi testimonio, Dios nos abrió puertas para que recibiera invitaciones de todo el país para ministrar su poder de sanidad.

Durante una reunión de mujeres en Sarasota, Florida, algunas amigas llevaron a una mujer a la reunión. Ella estaba tan paralítica que tuvieron que llevarla hasta el lugar de la reunión.

Cuando vi a sus amigas llevarla, me irrité un poco. A veces, personas con buena intención arrastran a personas enfermas a reuniones en las que ellas preferirían no estar. ¡Pero Dios me enseñó algo aquel día!

Aquella mujer estaba en un estado tan triste que cualquiera

podría haber dicho que el Señor no podía sanarla. Ella estaba debilitada, y las personas sentadas a su lado tenían que mantenerla erguida en su silla para evitar que se cayera al piso.

Le pedí al Señor que me permitiera olvidar que ella estaba allí, porque mi atención giraba en torno a su triste estado en lugar de hacerlo en ministrar la Palabra a todas las personas.

Después de terminar la enseñanza, llamé al altar a todas aquellas que quisieran oración.

En efecto, allí llegaron aquellas señoras llevando a la mujer inútil hasta el altar. Yo impuse mis manos sobre ella, y cayó en el Espíritu. Seguí ministrando a las otras mujeres.

Cuatro meses después, comencé a recibir noticias sobre una mujer que había sido sanada en la reunión en Sarasota. Desde luego, yo no recordaba su nombre. Dos años después, me encontré con la mujer en una conferencia bíblica en Florida. Ella llegó corriendo y saltando hasta mí y preguntó: "Delores, ¿sabe quién soy?".

"No, creo que no", respondí yo.

"¡Soy Mary!", exclamó.

"Muy bien —dije—, me alegro de conocerla".

Entonces ella dijo: "No, no lo entiende. ¡Soy la mujer que fue sanada en Sarasota!".

¡Nos regocijamos juntas en el Señor!

Una noche mientras ministraba la Palabra en una reunión de los Hombres de Negocios del Evangelio Completo en Hope, Arkansas, vi cataratas fundirse en los ojos de una mujer. Tengo que confesar que cuando vi por primera vez sus ojos nublados con cataratas, realmente no tenía la fe para creer que ella sería sanada.

Cuando ella acudió al altar para recibir oración, yo le impuse mis manos y ofrecí una sencilla súplica al Señor para que las cataratas fueran eliminadas. Entonces me moví entre los demás que estaban en el altar y oré por ellos, uno por uno.

Unos minutos después, alguien me agarró del brazo, señaló hacia la mujer que tenía las cataratas y dijo: "Vaya a ver sus ojos".

Miré y vi color en sus ojos. Antes, sólo había visto una capa nublada; sus ojos siguieron sanando durante la tarde. Cuando ella fue a la iglesia a la mañana siguiente, se estaban totalmente claros. ¡Gloria a Dios!

Las maravillosas personas de la iglesia católica de la Señora de Fátima en Monroe, Louisiana, con frecuencia nos invitan a Bill y a mí a ministrar allí. Dios ha derramado su Espíritu sobre esas personas, y ha habido varios milagros de sanidad.

Una mujer que tenía un bulto muy grande en su cuello llegó para recibir oración durante una de las reuniones en Señora de Fátima. Cuando miré el bulto, pude ver que tenía el tamaño de un huevo de gallina grande.

Impusimos manos sobre la mujer. A medida que orábamos por ella, el bulto comenzó a disminuir de tamaño, poco a poco, hasta que se fue por completo. ¡Hubo un gran regocijo entre esos católicos carismáticos cuando fueron testigos de la manifestación del poder sanador de Dios!

Aceptar los caminos del Espíritu Santo

Dios tenía que enseñarme muchas cosas. A veces, yo era lenta para aprender. Por ejemplo, fue necesario algún tiempo para que yo aceptase que las personas cayeran en el Espíritu.

Algún tiempo después de mi sanidad —yo había caído en el Espíritu dos veces—, comencé a sentir extrañas sensaciones en mis manos, como corrientes eléctricas que las atravesaban. Eso me asustó, porque sentía que era el poder de Dios que fluía por medio de mí. Durante días, mantuve mis manos en mis bolsillos sin querer tocar a nadie, por temor a que pudiera suceder algo extraño.

Un día mientras enseñaba una lección de la Biblia a un grupo de mujeres en Arlington, tomé de la mano a una anciana y ella cayó en el Espíritu. Cuando me acerqué para ayudarla, toqué a otra mujer y ella también cayó. Entonces rocé a otras dos señoras y las dos cayeron bajo el poder del Espíritu.

Asustada, comencé a salir corriendo del lugar de la reunión y me tropecé con una mujer que iba en silla de ruedas, y ella cayó bajo el Espíritu. Otra mujer se chocó conmigo y también cayó.

Yo agarré mis llaves y mi libro de bolsillo y corrí hacia mi auto. Inmediatamente acudí a un pastor lleno del Espíritu a quién quería y en quien confiaba, para preguntarle qué había sucedido.

"¿Qué estaba haciendo cuando sucedió?", me preguntó el pastor.

"Intentando irme", respondí.

Con mucho tacto, él explicó el propósito de Dios para situar a las personas bajo el poder del Espíritu. Dijo que Dios lo hace cuando quiere ministrar al espíritu de una persona, para proporcionarle ayuda espiritual. El pastor me llevó a leer varios pasajes de la Escritura que arrojaban luz sobre la pregunta.

Él me explicó que durante una aparición de Jesús después de la resurrección, se produjo el fenómeno cuando los guardias del sepulcro vieron al ángel, con su ropa blanca como la nieve. La Palabra dice: *"Los guardias tuvieron tanto miedo de él que se pusieron a temblar y quedaron como muertos"* (Mateo 28:4).

También, el pastor me explicó Juan 18:3-6. El pasaje comienza con Judas llevando a los oficiales y sumos sacerdotes al huerto de Getsemaní para arrestar a Jesús. Los hombres llevaban antorchas y armas.

Cuando Jesús les preguntó: *"¿A quién buscáis?"*, ellos respondieron: *"A Jesús nazareno"* (Juan 18:4-5, RV-60).

La Palabra dice: *"Cuando les dijo: Yo soy, retrocedieron, y cayeron a tierra"* (Juan 18:6, RV-60).

El pastor me explicó que en otra ocasión un padre llevó a Jesús a su hijo que tenía un espíritu mudo y sordo. Cuando Jesús ministró liberación al muchacho, Marcos 9:26 dice: *"Entonces el espíritu, clamando y sacudiéndole con violencia, salió; y él quedó como muerto, de modo que muchos decían: Está muerto"* (RV-60).

El pastor me habló sobre que cuando el apóstol Juan, ya canoso, vio la visión en la isla de Patmos, él cayó *"como muerto a sus pies"*, como se ve en Apocalipsis 1:17 (RV-60).

También, el pastor dijo que en Daniel 8:18 cuando el joven profeta tuvo una visión, escribió las siguientes palabras: *"Mientras él hablaba conmigo, caí dormido en tierra sobre mi rostro; y él me tocó, y me hizo estar en pie"* (RV-60).

¡Gloria a Dios por aquel pastor lleno del Espíritu Santo! ¡Él me ayudó mucho aquel día! Todos mis temores a este fenómeno espiritual se desvanecieron y nunca más regresaron.

Él sugirió que intentase descubrir lo que Dios había hecho para aquellas mujeres que habían caído en el Espíritu en la reunión aquel día. Más adelante, pregunté a cada una de ellas lo que había sucedido mientras estaban bajo el poder del Espíritu. Una señora me dijo que no había llorado durante doce años, pero que después de haber estado bajo el poder, lloraba libremente.

Otra señora dijo nunca antes había sentido el amor de Dios. Cuando cayó en el Espíritu aquel día, dijo que se sintió arropada en los brazos de Jesús y le oyó decirle que la amaba. Una de las otras señoras recibió una sanidad, y otra recibió el bautismo en el Espíritu Santo mientras estaba bajo el poder de Dios. Después de hablar con aquellas queridas mujeres, entendí mejor lo que Dios había hecho.

A veces, seguía habiendo dudas en mi mente al respecto, hasta que un día escuché la voz de Dios decirme: "Tú ocúpate de tus asuntos, y yo me ocuparé de esto". Ahora lo dejo totalmente en manos de Él.

Capítulo 8

EL GRAN MÉDICO

Jesús recorría todos los pueblos y aldeas . . .
anunciando las buenas nuevas del reino,
y sanando toda enfermedad y toda dolencia.

(Mateo 9:35)

Una noche mientras ministraba en una iglesia presbiteriana en Shreveport, un ministro lleno del Espíritu elevó una petición de oración inusual. Él dijo que uno de sus amigos, que era abogado, había ido al hospital St. Luke en Houston para que le hicieran una operación cardiovascular. El ministro se prestó voluntario para representar a su amigo mientras yo oraba por él.

Todos en la reunión cayeron bajo el poder de la presencia de Dios mientras imponíamos las manos sobre el ministro lleno del Espíritu. Aquella noche, el Señor nos dio la seguridad de que el abogado era sanado.

El abogado más adelante nos contó la siguiente historia: Unas semanas antes de que hubiéramos orado por él, había sentido adormecimiento en su muslo derecho. Inmediatamente fue a ver a un cirujano ortopédico que fue incapaz de encontrar pulso en su muslo, ingle y tobillo. El médico llegó a la conclusión que el suministro de sangre a la pierna derecha se había bloqueado, y sugirió que el abogado fuera hospitalizado de inmediato.

Mientras estaba en el hospital, el doctor llamó a varios especialistas, incluyendo a un reputado cirujano cardiovascular, para confirmar sus descubrimientos. Ninguno de los especialistas pudo encontrar pulso. El consenso entre los cuatro médicos fue que el abogado debería someterse a cirugía.

Se organizó todo con el Dr. Denton Cooley, el afamado cardiocirujano de Houston, para realizar la operación en St. Luke. Mientras tanto, cientos de personas fueron llamadas a orar por el abogado, incluyendo a quienes habían impuesto las manos sobre el hombre que le representó en nuestra reunión en la iglesia presbiteriana.

El abogado se registró en St. Luke y pasó por muchas pruebas. Dos días después, justamente antes de la cirugía, un joven residente entró en la habitación del abogado. El residente preguntó al abogado: "¿Le importa si compruebo si puedo encontrar pulso en su pierna?".

"Claro, adelante", respondió el abogado.

Después de examinar brevemente la pierna, el joven residente dijo: "No estoy tan seguro sobre su problema vascular, pero ese no es mi trabajo".

Entonces el Dr. Cooley, acompañado por otros seis médicos, visitó al abogado para hacer un examen antes de la operación. Después de comprobar con mucha atención al abogado, el Dr. Cooley le dijo que no necesitaba la operación, pero sugirió que un neurólogo realizara otro examen sólo para confirmarlo.

El neurólogo le hizo al abogado un examen detallado, y estuvo de acuerdo con el Dr. Cooley en que no era necesaria ninguna operación. El abogado alabó al Señor, ¡porque sabía que Dios le había sanado! Sabía que el gran Médico le había tocado.

Cuando regresó a su casa, visitó a su propio médico y le

contó la historia de lo que había sucedido. Su médico le hizo una revisión y encontró un fuerte pulso en su pierna.

"¿Cómo pude haber pasado por alto el pulso? —preguntó al abogado—. Juraría que no estaba ahí antes".

"No lo pasó por alto —respondió el abogado—. He tenido a cientos, quizá miles de personas orando por mí. Dios creó este viejo cuerpo y Él sabe cómo repararlo".

Muchos creyentes... muchos ministros

Mientras ministraba una tarde en esa misma iglesia presbiteriana en Shreveport, observé a una monja católica en la audiencia. La iglesia estaba lleno de personas que buscaban sanidad de sus aflicciones, pero seguí observando a la hermana católica, que probablemente tenía cerca de 60 años. Aquella noche, el Señor me impulsó a invitarla a subir a la plataforma para ministrar conmigo. Ella estuvo de acuerdo.

Había una mujer con un bulto grande en su cara que estaba delante del altar para recibir oración. Yo pregunté a la hermana: "¿Quiere ministrar sanidad? ¿Quiere orar con esa mujer?".

"No sé cómo; nunca antes he hecho eso", me susurró la hermana.

"¿Querría orar por ella?", le pregunté otra vez.

"Sí, lo intentaré", respondió ella.

"No, lo hará, no lo *intentará*. Usted hará su parte, y Dios hará el resto", le expliqué.

"Muy bien", me dijo.

Ella puso su mano sobre el bulto que había en la mejilla de la mujer y oró. Cuando retiró su mano, el bulto ya no estaba. La primera vez que la hermana católica oró para que alguien fuera sanado, ¡Dios hizo un gran milagro por medio de ella!

¡Este es un tiempo grandioso para la Iglesia porque Dios está derramando su espíritu sobre toda carne!

Tenemos delante de nosotros el día en que veremos cada vez más iglesias realizando el pleno ministerio de Jesús. Cuando eso suceda, ya no habrá necesidad de un ministerio como el mío. El ministerio de sanidad habrá regresado a la Iglesia, a la que pertenece. La perfecta voluntad de nuestro Señor es que los pastores estén fuertes en los púlpitos por todo ese país para proclamar el evangelio completo.

Recordará que yo estuve en la iglesia toda mi vida antes de mis muchos años de enfermedad. Durante aquellos años, ningún ministro oró nunca para que yo fuera sanada. Oraban solamente para que fuera capaz de soportar el sufrimiento y el dolor. ¡Y siempre lo soporté!

Pero esa no es la oración que Jesús nos enseñó. Él dijo que sanaría a su pueblo y nos liberaría. Cuando sabemos lo que Dios tiene a nuestra disposición, entonces podemos acudir a Él y pedirlo; pero no continuamos pidiendo, sino que comenzamos a apropiarnos de lo que Él ha prometido. Decimos: "Señor, aunque siga teniendo dolor en mi cuerpo, creo que tú me estás sanando porque tu Palabra dice que lo harás".

Entonces nuestro cuerpo físico comienza a cambiar a medida que mente, cuerpo y espíritu entran en consonancia con la Palabra de Dios. La mejor manera de ser sanados es estar en consonancia con su Palabra, porque es básicamente mediante su Palabra como escuchamos de parte de Él.

Todos los creyentes bautizados en el Espíritu pueden oír el llamado de Dios a ministrar. Los dones del Espíritu pueden operar en un edificio de oficinas en el centro de la ciudad igual que en una reunión de sanidad y milagros. Muchas personas nunca han entendido esa verdad. Los dones deberían estar funcionando dondequiera que estemos y en cualquier cosa que hagamos en nuestras vidas cotidianas.

Bill y yo sólo somos dos personas, pero el Señor

misericordiosamente ha permitido que nuestro ministerio toque a miles. Yo veo a miles, millones de creyentes bautizados en el Espíritu que trabajan en edificios de oficinas en el centro de la ciudad, fábricas, hospitales, oficinas del gobierno. Si captasen la visión del ministerio allí donde trabajan, sería un brillante y nuevo día para el Reino de Dios.

Las amas de casa también pueden ministrar. Asegúrese de enseñar a sus hijos sobre Jesús y ministrarles. Ellos reciben con mucha rapidez. Una vez, cuando Bill y yo éramos invitados en la casa de unos amigos, su hijita se puso en mi regazo y dijo: "Delores, mi nariz está taponada, y no puedo respirar bien ni puedo dormir. ¿Quieres orar por mí?".

Sus padres estaban atendiendo una llamada a larga distancia en el teléfono, así que yo oré: "Jesús, tú sabes que Kimmy tiene que dormir. Voy a pedirte que abras su nariz y la limpies para que ella pueda dormir. Gracias". Kimmy dijo: "Uf, gracias", y se fue a la cama y durmió bien.

Los niños reciben rápidamente, pero las madres y padres con frecuencia no se molestan en orar por ellos cuando están enfermos; sin embargo, algunos de esos mismos padres y madres puede que sean consideradas personas muy espirituales. Con frecuencia, están ministrando a otros mientras descuidan el ministerio a sus propios hijos en la casa. Sólo se necesita un minuto para permitir que el amor de Jesús y su poder sanador toquen a un niño.

Personas que han sido testigos de grandes milagros y han visto el poder sanador de Dios deberían seguir emocionados por lo que Dios puede hacer por la sanidad de sus hijos. A veces, lo único que tenemos es el nombre de Jesús. He conocido a madres que se sentaron en la cama de un niño enfermo y sólo repitieron el nombre de Jesús. Se pudo ver a ese niño siendo sanado.

Poco tiempo antes de escribir este libro, Bill y yo ministramos en Massachusetts, New Hampshire y Ohio. Dios hizo muchos grandes milagros durante aquellas reuniones. En Ohio, un hombre que tenía un tumor en su espalda acudió para recibir ministerio. Los rayos X revelaban claramente el tumor; sus médicos le habían dicho que tenían que quitárselo. Hicimos una sencilla oración por su sanidad y Dios le tocó.

Cuando fue al hospital para la cirugía, el cirujano decidió ver por rayos X su espalda otra vez antes de la operación. Los rayos X asombraron al cirujano, porque el tumor ya no estaba. El hombre se regocijó en el poder sanador de nuestro maravilloso Señor.

También en Ohio, una mujer que había estado en silla de ruedas durante tres años acudió a las reuniones. Durante la reunión, el Señor me habló y dijo que había alguien en la audiencia que podía levantarse y caminar. No me dijo quién era, pero se lo reveló a Bill. Bill fue hasta donde estaba la mujer en la silla de ruedas y dijo: "Puede usted levantarse ahora". Ella se levantó y caminó, ¡y alabó al Señor!

Dios también sanó a una mujer en Florida de esclerosis múltiple. Cuando ella llegó a nuestra reunión, estaba en tan mal estado que los dedos de uno sus pies estaban doblados hacia abajo. Oramos por ella, y después yo dije: "Vamos, caminemos".

Ella se puso de pie, pero después se sentó de nuevo diciendo: "Tengo calambres en mis dedos". Le quitamos los zapatos y vimos sus dedos ponerse derechos; se fueron enderezando hasta que ella quedó totalmente sana. Antes de su sanidad, habíamos sentido una oscuridad a su alrededor. Ahora ella es una cristiana radiante por medio de quien el amor del Señor brilla con fuerza.

¡Oh, las maravillas de nuestro Señor! Él quiere sanar a su pueblo, y ya ha proporcionado todo lo necesario para esa sanidad. Lo único que debemos hacer es recibirla. Cada día, Él demuestra que es el gran Médico.

Capítulo 9

SANIDAD INTERIOR

El sana a los quebrantados de corazón,
Y venda sus heridas.

(Salmo 147:3)

El difunto senador estatal Talbot Fields de Arkansas tenía muchos problemas con la ley. Tenía un juicio por su casa y se enfrentaba a una larga estancia en la cárcel. Un amigo le habló de nuestro ministerio y un día, durante su juicio, me llamó desde Arkansas.

Después de presentarse y contarme un poco sobre sus problemas, dijo: "Quiero que ore por mí. Tengo problemas y parece que voy a ir a la cárcel. Todo está perdido".

Cuando comenzamos a orar, de repente vi al Señor poniéndole en libertad. El Señor mostró al senador que no iría a la cárcel. Tuvimos un verdadero tiempo de regocijo allí en el teléfono.

Cuando el juez después desestimó los cargos que había contra él, el senador Fields levantó sus manos en el tribunal y alabó a Dios, confesando que mediante el poder de Dios él era un hombre libre.

Algún tiempo después, recibí una carta de la esposa del

senador. Ella decía que mientras el senador y yo orábamos por teléfono, él recibió sanidad interior, y eso le liberó de las cadenas que habían atado su espíritu. Ella no lo explicó, ni tampoco yo pregunté acerca de la naturaleza de la sanidad interior. Aquello quedó entre el senador y Dios.

El senador Fields ya falleció, pero en sus últimos años aquí en la tierra demostró que era un hombre notable. Después de haber sido sanado interiormente, Dios proporcionó una salida a sus problemas legales, aparentemente con la seguridad de que el senador enderezaría su vida. El juez también pensó lo mismo.

El senador Fields llegó a ser el fundador y presidente de Hombres de Negocios del Evangelio Completo en Hope, Arkansas. Él me invitó a ministrar en una de sus reuniones. Alabó al Señor durante los últimos tiempos de su vida y siempre testificó que fue Dios quien le había liberado: por dentro y por fuera.

La Palabra de Dios tiene mucho que decir sobre sanidad interior. Jesús mismo dijo que vino a la tierra para sanar a los quebrantados de corazón: eso es sanidad interior. El libro de Proverbios está lleno de buenos consejos sobre cómo podemos permanecer bien interiormente, espiritualmente.

Los beneficios de un corazón limpio

A medida que estudiamos los Proverbios, comenzamos a entender que nuestro espíritu no puede estar lleno de cosas tales como ira, odio, resentimiento y amargura y seguir siendo lleno del Espíritu Santo. Con frecuencia intentamos dejar fuera de nuestras vidas al Señor permitiendo que todo tipo de aflicciones interiores se apoderen de nosotros.

Habrá breves períodos en nuestra vida en que podamos sentir enojo, resentimiento, frustración y falta de perdón; pero esas cosas sólo permanecen si no las ponemos a los pies de la cruz. Nosotros somos quienes sufrimos si permitimos que tales emociones peligrosas se queden a nuestro lado.

Durante estos años de ministerio he conocido a muchas, muchas personas que llevan falta de perdón en su corazón. Es la más devastadora de todas las emociones interiores. Cualquiera que no pueda controlar esa emoción debe decir: "Señor, lo pongo a tus pies y perdono a esa persona por medio de ti. Aunque yo no pueda hacerlo por mí mismo en este momento, voy a perdonar a esa persona porque tú la perdonaste. Ahora te pido que me des el tipo de sentimientos que debería tener en mi corazón".

Ese es el proceso de limpieza. Eso es la sanidad interior.

La ciencia médica reconoce que muchas enfermedades físicas provienen de enfermedades espirituales. Por ejemplo, cuando una persona dice una mentira, ciertas secreciones glandulares atacan al estómago y pueden, a lo largo de un período de tiempo, hacer enfermar a esa persona.

El Señor me mostró un día que es como si tuviéramos "valles" en nuestro interior. Cuando todo nuestro resentimiento, odio, amargura y otras emociones dañinas se quedan en esos valles, con frecuencia pensamos: "Esto pasará y lo olvidaré".

Esa es una suposición peligrosa. Cuando olvidamos algo, sólo significa que el problema ha sido empujado al subconsciente. Al estar oculto, se forma una costra sobre el recuerdo y lo sella; pero seguirá cociéndose ahí.

Jesús quiere quitar esa costra, limpiar el valle y permitir que el Espíritu Santo lo llene de cosas buenas. Esencialmente, la psiquiatría busca lograr por medios físicos lo que Dios hace por medios espirituales.

Había una mujer de unos setenta años que asistió a una de nuestras reuniones en Florida. Paralítica por la artritis, se acercó al altar para recibir oración durante la invitación. Yo no creo en oraciones generales como: "Dios, sánale". Cuando me encuentro con alguien que tiene necesidad, oro: "Señor, muéstrame su necesidad".

Con frecuencia ni siquiera oigo lo que la persona está diciendo; su petición puede que no represente su verdadera necesidad, pero puede ser el resultado de la verdadera necesidad. En el caso de la mujer que acudió a recibir sanidad de la artritis, el Señor me dijo las palabras *falta de perdón*.

"¿Hay alguien a quien necesite usted perdonar o pedir perdón?", le pregunté.

Hubo una dulce expresión en su cara cuando ella dijo que no. Yo quería creerla; parecía una persona muy honesta y sincera. Pero el Señor dijo: "No: falta de perdón".

Así que le pregunté otra vez: "¿Hay alguien a quien necesite usted perdonar o pedir perdón?".

"No", respondió ella, con una expresión de perplejidad en su cara.

"No puede ser", pensé yo, pues parece muy confundida por mis preguntas.

Cuando empecé a orar por ella, el Señor me habló otra vez: "Dije *falta de perdón*. No hagas una oración general. Yo dije *falta de perdón*".

Me detuve y le dije: "Lo siento, pero el Señor me está mostrando que hay falta de perdón en su vida".

Comenzaron a caer lágrimas por sus mejillas, y yo sentí como si le estuviera molestando. Sin embargo, el Señor había hablado, y yo tenía que estar firme sobre lo que Él dijo. Finalmente, dije: "Señor, vas a tener que mostrarme qué hacer".

Entonces el Señor dijo la palabra *hermano*.

Le pregunté a ella: "¿Qué acerca de su hermano?".

Ella me miró como si quisiera agujerearme.

"¿Tiene usted un hermano?", le pregunté.

"Sí", respondió.

"¿Hay algún problema entre ustedes?".

"No", respondió ella.

"¿Ha habido algún problema entre ustedes?", le pregunté.

Entonces ella dijo enfáticamente: "¡No! ¡Le borré de mi vida hace mucho tiempo!".

Yo quedé sorprendida.

"¿Qué quiere decir con que le borró de su vida?".

"Sencillamente le borré", dijo ella.

"¿Porque tuvieron un problema?", le pregunté.

"Sí, pero eso no me molesta", respondió.

"Mire sus manos, sus piernas y sus pies. ¿Quiere librarse de esta artritis? —pregunté— Entonces va a tener que perdonar a su hermano o pedirle perdón". le dije.

Ella me fulminó con su mirada.

"¿Quiere ser libre de su artritis?", le dije.

"Sí", respondió.

Pero por un momento ella tenía algunas preguntas en su mente en cuanto a si quería pagar tal precio para ser sanada. No estaba segura de que ese precio valiera la pena.

"¿Está dispuesta a perdonarle? ¿Le pedirá que le perdone?", le pregunté.

"Sí", respondió.

"¿Cuánto tiempo ha tenido esta artritis?", le dije.

"Unos 12 años", dijo ella.

"¿Cuándo tuvieron el problema usted y su hermano?", le pregunté.

"Han pasado unos 12 años", respondió ella.

¡Entonces le cayó como una bomba! De repente entendió lo que acababa de decir.

"Usted va a perdonarle porque el Señor lo dijo", dije yo.

"Sí", dijo ella.

Entonces oré con ella y dije: "Ahora va a tener que escribir o llamar a su hermano y hablar con él sobre esto. Dígale que le ha perdonado y pídale que le perdone", le dije.

"No, no tengo que hacer eso", me dijo.

"Sí, tiene que hacerlo", enfaticé yo.

"No, no necesito llamarle ni escribirle, pues él vive a sólo dos puertas de mí", me dijo.

Sólo dos puertas de distancia, ¡y sin embargo llenos de amargura el uno hacia el otro durante 12 años! Y la amargura había causado que ella tuviera la artritis.

Más adelante, una amiga que conocía la situación entre la mujer y su hermano me explicó el problema. Su lucha mutua era sólo por 3000 dólares que cada uno de ellos creía que debería haber recibido cuando su madre murió.

Esa amiga me dijo: "Esa mujer es tan rica que podría comprar o vender la mitad de esta ciudad".

Qué tragedia que una mujer rica sufriera artritis debido a que sentía que su hermano la había engañado en 3000 dólares.

Permita que diga unas palabras de advertencia sobre la sanidad interior: cuando usted la reciba, Satanás intentara hacer regresar el problema. Aunque usted sea libre, el maligno lo susurrará a su oído. Entonces usted debe tomar autoridad y decir: "No, Satanás. Gloria a Dios porque soy libre de eso a causa de Jesús".

Hay también ocasiones en que Dios da sanidad interior por medio del llanto. Algunas personas lloran hasta quedar libres. Un amigo mío lloró durante seis semanas después de ser salvo.

Fue necesario todo ese tiempo para que el Espíritu Santo limpiase toda la culpabilidad que se había acumulado en él a lo largo de los años. Al final de las seis semanas de llorar, él fue libre.

Lo hermoso es que Dios sabe la manera tan única en que nos creó a cada uno, y trata con nosotros de maneras diferentes. Por eso no me gustan las oraciones generales. Dios no trata con nosotros de esa manera. Yo quiero oír a Dios hablarme mientras ministro. Sólo entonces sabré, mediante lo único de la persona, el modo en que Dios quiere tratarla.

Sanidad interior y libertad

Hubo otra mujer que recibió una sanidad interior milagrosa. Su problema era el temor. Constantemente la destrozaba y causaba problemas emocionales e incluso mentales. Durante años, ella había vivido en un estado de depresión. Le dieron tratamientos de shock —las obras—, pero nada ayudó.

Cuando oramos por ella, el Señor la liberó. Ahora ella es un gozo para el Señor y para sus amigos; sencillamente está alegre todo el tiempo. Trabaja en un edificio de oficinas muy grande, y el Señor le ha dado un ministerio de sanidad. Una compañera de trabajo se acercará a ella y le dirá: "Tengo dolor de cabeza, ¿vamos juntas al cuarto de baño para que ores conmigo?".

Entonces las dos hacen un viaje al cuarto de baño, y allí la mujer ora por la enferma. Invariablemente, es sanada. Ella está muy feliz en ese ministerio.

Ni una sola vez ha dicho: "Oh, creo que Dios va a sacarme de aquí y ponerme en el ministerio tiempo completo". Ella sabe que está donde Dios quiere que esté. Está ministrando a personas y testificando del Señor allí donde está. Incluso los hombres que hay en su oficina acuden a ella para recibir oración.

Probablemente, yo nunca trabajaré en un edificio de oficinas en la ciudad. Dios necesita ministros allí ocho horas al día, 40 horas por semana. Qué gozo sería que las personas se dieran cuenta de que los dones de Dios son para todos los cristianos, para ministrarlos en todas partes.

Un amigo mío me contó una hermosa historia de la sanidad interior de su esposa de los malos recuerdos. Ella tenía amargura en su corazón hacia una amiga, y le molestaba tanto que no podía dormir. Una noche, ella oró para que el Señor la perdonase y la ayudase a olvidar su amargura hacia su amiga. A la mañana siguiente, se despertó y recordó haber orado por la sanidad del recuerdo, pero ya no podía recordar contra quién había tenido esa amargura.

La falta de perdón es una emoción muy destructiva. Cuando este pecado le agarra, puede hacer que todo su mundo se quede patas arriba. Jesús, como recordará, tuvo bastante que decir sobre el tema.

Permítame compartir un pequeño ejercicio espiritual que he aprendido acerca de tratar la falta de perdón. Tan sólo ore: "Señor, quiero entregarlo. Voy a perdonar a esa persona por medio de Jesús. Si no puedo hacerlo por mí mismo en este momento, perdonaré porque Jesús pagó el precio por ello. Perdonaré por medio de ti, y te pido que me des el tipo de sentimientos que debería tener en mi corazón".

Dios nos promete en su Palabra que cuando nuestros pecados son perdonados, Él ya no los recuerda; los olvida por completo. Su actitud hacia esos pecados es que nunca existieron.

Hay ocasiones en que nos resulta difícil perdonar y olvidar nuestros propios pecados. Si Dios no recuerda nuestros pecados, ¿quién es el que nos los recuerda? El diablo, desde luego. Con frecuencia es necesaria la sanidad interior para poder perdonarnos a nosotros mismos y olvidar pecados del pasado.

Un amigo mío pasó varios años en la cárcel, pero ahora es

salvo y un poderoso testigo para Jesús. Hace algún tiempo, un conocido le preguntó: "¿Por qué estuviste en la cárcel?".

El exprisionero respondió: "Mira, Dios ha olvidado todo eso, y yo no voy a darle al diablo una oportunidad de volver a sacarlo. Está cubierto en la sangre de Jesús".

¡Eso es! Dios perdonó y olvidó sus pecados. ¿Por qué no lo haríamos nosotros?

La sanidad interior trata emociones muy arraigadas y torcidas, con frecuencia enterradas en lo profundo de nosotros. Heridas, temores, resentimiento, enojo, falta de perdón, duda, amargura, malos recuerdos, fobias y muchos otros problemas necesitan el toque de la mano de Dios.

Cuando cargamos con esas emociones dañinas demasiado tiempo, a veces invitamos a que vengan a nosotros demonios y espíritus inmundos. La opresión demoníaca puede hacer que un cristiano sea tan desgraciado como una persona poseída. Y es casi siempre el cristiano quien quiere ser libre de la opresión demoníaca, no el incrédulo. Recordará que en una ocasión Jesús expulsó de un hombre a un espíritu inmundo en la sinagoga. Ya que el hombre estaba en la sinagoga, debió de haber estado adorando a Dios.

La sanidad interior se produce por medio de un acto sobrenatural de Dios. No hay nada sospechoso al respecto. Lo que a nosotros nos parece sobrenatural es natural para Dios, y debemos permitir que lo mismo suceda con nosotros a medida que caminamos en el Espíritu.

Hay algunos ministros que tienen reservas en cuanto a que las mujeres prediquen, en particular predicadoras carismáticas. Puede que sea necesaria la sanidad interior de actitudes hacia las mujeres a las que Dios ha llamado al ministerio.

Había un joven ministro, pastor de una de las iglesias más grandes en una ciudad metropolitana, que acudió a nuestras reuniones. Tenía una licenciatura en teología, y era el típico joven orgulloso. Era bien parecido, brillante y pastor de una iglesia muy grande: la cima del éxito. También, le estaban preparando para una elevada posición de liderazgo dentro de su denominación.

El joven ministro conocía la Palabra, al menos la Palabra impresa, y era un predicador dotado, talentoso y ungido. Su predicación llevaba a las personas a la salvación con lágrimas; sin embargo, él predicaba sólo la Palabra y no recurría a la argucia emocional.

Pero este pastor tenía un problema: su hijita estaba enferma con una enfermedad aterradora. De repente, afrontaba un problema para el cual no tenía ninguna respuesta. Su incapacidad para tratar la enfermedad dio un severo golpe a su orgullo y su arrogancia.

A medida que el estado de su hija empeoró, Dios comenzó a darle un destello de algo nuevo en su experiencia. Un día, él abrió el periódico y vio mi fotografía junto con un anuncio que decía que yo estaría ministrando en una iglesia presbiteriana en su ciudad.

Después me dijo que cuando vio mi fotografía el Señor le habló, pero él no entendió lo que significaba. Cada vez que veía mi fotografía en el periódico era empujado por una fuerza interior, pero él sólo se reía ante la idea.

Un día, condujo hasta el supermercado para comprar una hogaza de pan para su esposa. De camino al supermercado encendió la radio del auto y sintonizó mi programa de radio. Extendió su mano para apagar el programa, pero entonces hubo un cambio en su corazón y dijo: "Voy a escucharla para ver si entiendo algo de lo que dice". Cuando llegó a la tienda, se sentó y espero en el auto hasta que el programa acabó.

Regresó a su casa, sin entender lo que le estaba sucediendo.

Tenía un fuerte sentimiento en su corazón de que debía llamarme. Llamó a nuestra oficina y dijo que quería verme, pero yo estaba fuera de la ciudad. No era el momento de que hablásemos; él no estaba preparado.

Dijo que durante los siete meses después de aquello parecía que cada vez que encendía la radio, sintonizaba nuestro programa. Un día, una persona en su iglesia acudió al pastor y dijo que él debería llevar a su hija a una de nuestras reuniones. Para gran sorpresa del hombre, acudieron a nuestra reunión la noche siguiente.

Recibimos una llamada diciendo que ellos estarían allí. Yo les dije que oraría con su hija antes de que comenzara la reunión. Una de las cosas que el Señor me ha enseñado es a tener cuidado con las personas, en particular con los ministros, para no alardear de ellos ni situarlos en posiciones precarias. Antes de la reunión oré por la pequeña niña, así que no pudo hacerse ningún espectáculo de que su padre tan conocido estuviera en nuestra reunión.

Ellos se quedaron para la enseñanza. Durante la invitación, el joven ministro acudió al altar y se quedó allí en oración. Aquella noche, el Señor quebrantó a un hombre orgulloso. Entonces él y su esposa llevaron a su preciosa niña al altar. Su hermosa esposa era una persona tímida; yo sólo podía imaginar lo que le habría costado llegar al altar aquella noche.

Después de la reunión, él dijo: "Necesito hablar con usted".

Unos días después concertamos una cita, y yo compartí con él las cosas maravillosas que Dios estaba haciendo. Él lo recibió abiertamente y dijo: "Sé que esto es del Señor".

Dios continuó quebrantándolo. Su hija empeoró. Entonces él llegó hasta el punto en que le dijo al Señor: "Cualquier cosa y todo: soy tuyo". Poco tiempo después, Dios le bendijo con el bautismo en el Espíritu Santo, con la evidencia de hablar en lenguas.

Él me dijo una vez: "Delores, sé que Dios tuvo que quebrantar todo lo que había en mí hasta hacerme llegar al punto en que pude mirar mi casa y mi iglesia y decir: 'Si no es aquí donde Dios me quiere, no quiero estar aquí'. Si Él quiere que viva en un piso con cajas de naranjas como muebles o que predique en las esquinas de las calles de este mundo, estoy dispuesto".

El joven ministro hizo un giro de 180 grados. Él es totalmente distinto ahora. Todas las cosas materiales, toda la prominencia de ser el pastor de una iglesia grande e influyente ya no está. Ahora él es uno de los predicadores más poderosos a los que he oído jamás.

El Señor le habló y dijo que su hija sería sanada, diciendo: "Su sanidad está establecida". Él y su esposa están firmes en esa promesa.

Mientras tanto, en un campamento en otro estado, Dios habló a uno de sus amigos diciendo que si él se ponía de pie y pedía a las 1000 personas que estaban en el campamento que orasen por la pequeña niña, ella sería sanada.

Eso fue la confirmación. ¿No es bueno Jesús al hacer eso por nosotros? Recuerde que algunas personas no son sanadas inmediatamente. Yo no sé por qué. A veces sencillamente no es el tiempo de Dios. Nunca veremos una sanidad antes de que el tiempo de Dios sea el correcto; podría tener consecuencias desastrosas.

La sanidad interior nos hace libres y, como promete la Palabra de Dios, cuando el Señor nos liberta, somos verdaderamente libres (véase Juan 8:36).

Capítulo 10

LIBERACIÓN

Estas señales acompañarán a los que crean:
en mi nombre expulsarán demonios . . . .
(Marcos 16:17)

Algunas personas necesitan liberación, particularmente si hay pecado o adicción en sus vidas o si han jugado con el ocultismo.

Aunque hay muchas causas de enfermedad emocional y mental, hay ocasiones en que espíritus malignos causan esas enfermedades que trastornan la vida de la persona.

Uno de los espíritus más siniestros que encontramos es el de vudú, un fuerte espíritu que con frecuencia llega a la gente por medio de vínculos familiares.

Una mujer con el cuerpo contraído llegó a una de nuestras reuniones en Texas. Estaba físicamente deforme. Impusimos manos sobre la mujer deformada y contraída y llamamos al espíritu de vudú. El espíritu maligno huyó y la mujer fue libre.

Normalmente, el espíritu de vudú intentará ahogar a la víctima; el cuello de la persona se hinchará, interrumpiendo la respiración. Aquellos que ministran a tales personas con frecuencia tienen temor cuando ven que la persona comienza a ahogarse.

Es necesario tomar autoridad sobre el espíritu maligno, llamarlo y expulsarlo.

En otra ocasión, una mujer refinada y bien educada llegó a una reunión donde estábamos ministrando. Cuando miramos a la mujer, no teníamos idea de lo que trataríamos más adelante. Después de la reunión, ella se acercó a mí y dijo que necesitaba ayuda. El Señor me avivó. Yo sabía que ella necesitaba liberación, así que establecimos el momento en que nos reuniríamos con ella. El Señor también me indicó que un hombre debería acompañarme a casa de ella para el ministerio de liberación. Un pastor local y yo fuimos a su hermosa casa.

El Señor entonces me impulsó a mencionar el miedo a su padre. "¿Tiene usted miedo a su padre?", le pregunté.

"No, no tengo miedo de él", respondió ella.

La miré durante un momento y dije: "Lo siento. Tengo que llamarlo".

Cuando comenzamos a orar y a llamar al espíritu del miedo a su padre, su cuerpo comenzó a temblar como si hubiera un motor funcionando dentro de ella. Se agarró a los brazos de la silla en la cual estaba sentada, y su cuerpo comenzó a elevarse hasta que estuvo a unos 30 centímetros por encima de la silla. Entonces comenzó a bramar como si fuera un toro herido. El bramido era tan fuerte que resonaba en toda la habitación.

Se me erizó el cabello y me estremecí. Entonces el pastor y yo llamamos al espíritu de miedo y control de su padre, al igual que al espíritu de vudú y todos los espíritus relacionados. Fue entonces cuando aprendí que cualquiera que ministre liberación debe conocer el poder de Dios y creer en él. Los espíritus malignos, atados en nombre de Jesús, salieron de ella y huyeron de la casa.

Después ella me contó una increíble historia sobre por qué tenía miedo a su padre. Él había practicado vudú durante muchos años. En dos ocasiones, él había lanzado maldiciones sobre personas, matándolas cuando ellas intentaban interponerse en el camino de sus ascensos en su profesión.

Después de su liberación, ella entendió plenamente por qué los espíritus habían entrado en ella. Ella había sido testigo de lo que su padre podía hacer a otras personas por medio del vudú, y tenía miedo de que si ella alguna vez se desviaba, su padre también la mataría. Una vez liberada de los espíritus malignos, la mujer comenzó a crecer en el Señor. En la actualidad, ella dirige un grupo de estudio bíblico.

"Entradas" demoníacas comunes

Las drogas son siempre demoníacas. Un joven llegó a una de nuestras reuniones tan nublado que apenas podía hablar; sólo nos miraba fijamente, con mirada de loco. Cuando le hablé, fue necesario un buen rato y mucha batalla para que respondiera. Cuando toqué al muchacho, cayó bajo el poder de Dios y fue liberado al instante de la adicción a las drogas.

Aunque las personas no se den cuenta de ello, con frecuencia se abren a espíritus de brujería al jugar con las cartas de tarot o la tabla de Ouija; incluso leyendo horóscopos en los periódicos (los horóscopos son pura astrología). Ver películas y programas de televisión, al igual que leer libros sobre brujería y ocultismo, son otras puertas abiertas para los demonios.

La opresión a un cristiano o la posesión a un no cristiano se producen fácilmente, con tanto sigilo que la persona ni siquiera se da cuenta de que está sucediendo. Eso es lo que me dicen personas que han sido liberadas de demonios y de adicciones.

Una vez, cuando ministraba liberación a una joven, la oí hablar con voz de hombre. Llamé al espíritu de poder psíquico, y entonces, una voz profunda y gutural me dijo: "No querrás que salga de ella; si salgo de ella, entraré a ti. Te conozco bien".

Cuando el demonio me habló, yo me retiré asustada; sin

131

embargo, yo sabía que el demonio tenía que ser expulsado. Entonces el Señor me dijo: "Hazlo o siempre tendrás miedo".

Así que hablé al demonio y dije: "No, no te tengo miedo; tú no entrarás en mí. Nunca has estado en mí". Entonces le dije al demonio que saliera en el nombre de Jesús. El demonio salió con un quejido.

"¡Vete de este lugar!", ordené. El demonio se fue.

Me trajeron para liberación a un niño que caminaba en la oscuridad. Me dijeron que su mamá era prostituta. Dios me reveló que el niño necesitaba liberación y una sanidad de recuerdos, incluso desde el vientre. Él nació en un reino de oscuridad: tanto su madre como su padre participaban en la brujería.

Oré con el muchacho para la sanidad de recuerdos y ordené al espíritu inmundo, el cual casi le había destruido, que se fuera en el nombre de Jesús. Más adelante recibí un informe de su progreso. Ahora el pequeño puede caminar y hablar, y hasta dice: "Te amo, Jesús".

Jesús ha dado autoridad a los creyentes sobre demonios y espíritus inmundos. Nosotros ejercimos esa autoridad por aquel muchacho.

El diablo es despiadado; tan despiadado que incluso ataca a los niños. Los padres tienen que tomar autoridad sobre sus pequeños para protegerlos de tales ataques.

Uno de nuestros mejores amigos, que visita con frecuencia nuestra casa, nos contó una increíble historia sobre cómo el diablo intentó atacar a su hija de tres años. Nuestro amigo antes era editor en un periódico y con frecuencia llegaba tarde a su casa por las noches.

Su esposa comenzó a hablarle de cosas extrañas que habían estado sucediendo en la casa: luces colgantes empezaban a balancearse, y las sillas se giraban delante de ella. Una noche, ella escuchó a su hija gritar y fue rápidamente a su cuarto. La niña estaba aterrorizada; miró a su madre con mirada suplicante y dijo: "Mamá, ¡me ha dicho que me va a matar!".

"¿Quién te ha dicho eso, cariño?", preguntó la mamá.

"Él", respondió la niña señalando hacia el techo del cuarto.

Aquella noche cuando el padre regresó a casa del periódico, él y su esposa oraron para que la niña fuera liberada del atormentador, y en el nombre de Jesús le expulsaron de su cuarto. También ungieron las ventanas y las puertas del cuarto con aceite, como símbolo de la consagración y el poder protector del Espíritu Santo sobre la niña.

Más adelante aquella noche, la niña de tres años llamó a su mamá para que fuese al cuarto y le dijo: "Ahora está bien; Jesús se ocupó de él".

Gracias a Dios por padres que saben cómo proporcionar protección espiritual para sus hijos y consagrar y tomar autoridad sobre los hogares que Dios les ha dado.

Permítame mencionar también que un cristiano puede ministrarse liberación a sí mismo. No es la manera más fácil, pero puede hacerse.

Yo nunca tomo la liberación a la ligera. Antes de participar en ella, siempre quiero saber tres cosas:

En primer lugar, ¿es la necesidad de liberación o de disciplina? Con frecuencia, acuden a nosotros personas y nos piden que oremos por ellas para que sean liberadas del espíritu de nicotina. Hay un espíritu maligno de nicotina, pero yo quiero asegurarme de que el espíritu maligno sea la raíz del problema.

En segundo lugar, ¿ha hecho la persona todo lo que está dentro de su capacidad para romper el hábito?

En tercer lugar, ¿ha orado la persona a Jesús y le ha pedido la disciplina necesaria para romper el mal hábito?

Uno de los mayores problemas entre los cristianos carismáticos es que no parecen querer ser disciplinados. Quieren que todo sea instantáneo: sanidad, sanidad interior o liberación. Sin embargo Jesús, quien es nuestro modelo, fue el hombre más disciplinado que haya caminado alguna vez sobre esta tierra.

Hay muchos cristianos que no se disciplinan a ellos mismos; por tanto, no son libres de ciertos malos hábitos. Atribuyen sus hábitos a demonios o a espíritus inmundos cuando, de hecho, la fuente es su carne indisciplinada.

Cuando una persona responde sinceramente esas preguntas diciendo que ha hecho todo lo posible para ser libre, entonces yo sé que un demonio está obrando en la vida de esa persona y es necesaria la liberación. Entonces ato al demonio y lo expulso en el nombre de Jesús.

Aunque algunas personas quieren ser liberadas de la manera fácil o quieren un ministerio de liberación "rápido", hay personas que ya no tienen ningún control sobre ciertas áreas de su vida, como la lujuria.

Había un esposo, un hombre muy amable, que con frecuencia tenía arrebatos de ira incontrolables. Eso estaba totalmente en contra de su carácter y su personalidad. La ira se apoderaba de él, haciendo que lanzase cosas por la casa, e incluso le diera una bofetada a su amorosa esposa.

Él acudió a mí y admitió que su conducta no era normal; dijo que siempre podía decir en qué momento la ira se apoderaba de él. Batallaba durante días para mantenerla bajo control, y entonces de repente le controlaba. El demonio en el hombre fue atado y expulsado en el nombre de Jesús, y aquel amable hombre fue liberado.

Cuando algo le controla y causa que haga usted cosas que van en contra de su personalidad y sus creencias, entonces tiene un demonio morando allí, que debe ser echado fuera para que usted sea libre.

Durante demasiados años, los cristianos ni siquiera entendían que los demonios existían y, por tanto, no se guardaban contra ellos. Son criaturas malvadas y siempre están buscando un cuerpo en el que entrar.

Muchas personas han permitido e incluso han invitado inconscientemente a que entren demonios en sus vidas. Pero ahora entendemos más sobre los demonios y debemos librarnos de cualquiera que haya en nosotros. Gracias a Dios, tenemos la autoridad en el nombre de Jesús y el poder del Espíritu Santo para echarlos fuera. Recuerde siempre que los demonios no pueden quedarse mucho tiempo cuando son atados y expulsados en el precioso nombre de Jesús. ¡Esa es nuestra herencia como cristianos!

Capítulo 11

SANIDAD Y RECONCILIACIÓN

Les dijo: «Vayan por todo el mundo
y anuncien las buenas nuevas a toda criatura...
Estas señales acompañarán a los que crean:
en mi nombre expulsarán demonios...
pondrán las manos sobre los enfermos,
y éstos recobrarán la salud».

(Marcos 16:15: 17-18)

La sanidad es un don de Dios ordenado para sus hijos. A lo largo de toda la Escritura nuestro Señor habla sanidad a su pueblo; se la promete. La provisión que Dios hizo para su pueblo fue principalmente para su salud, en lugar de para su sanidad. Dios quiere que vivamos y caminemos en salud divina.

Debido a la caída del hombre —el pecado original—, la enfermedad entró en el mundo, y ha tocado a toda persona que haya vivido jamás, a excepción de Jesús. Nosotros que somos el pueblo de Dios debemos aprender a combatir esa enfermedad, o sin duda nos destruirá. O si nos ponemos enfermos, debemos aprender a depender del Señor para nuestra sanidad. El primer paso hacia la sanidad es la reconciliación: primero con Dios, y después con los demás.

Quizá el apóstol Pablo escribió la afirmación más definitiva sobre el significado de la reconciliación. Él escribió: *"que en Cristo, Dios estaba reconciliando al mundo consigo mismo, no tomándole en cuenta sus pecados y encargándonos a nosotros el mensaje de la reconciliación"* (2 Corintios 5:19).

Deje que le recuerde que cuando la humanidad cayó de la gracia como resultado del pecado original, nuestras almas fueron infectadas con pecado. Eso nos separó de Dios espiritualmente. Debido a que nuestros cuerpos también cayeron de la gracia, tenemos enfermedad. Por tanto, Jesús es el instrumento mediante el cual nuestras almas pueden ser salvas; y también mediante el cual nuestros cuerpos pueden ser sanados.

Así es como funciona:

La Palabra nos dice: *"El hombre nacido de mujer, corto de días, y hastiado de sinsabores"* (Job 14:1, RV-60). Este único versículo resume la historia de la humanidad. La gente siempre parece tener cierto grado de problemas, ya sea con Dios o con otras personas.

Desde luego, siempre habrá diferencias entre las personas debido a que Dios nos creó a cada uno único; pero esas diferencias no significan que la guerra sea el resultado. Significan que debemos amarnos más.

Antes de que podamos hacer eso, debemos reconciliarnos con Dios. En otras palabras, debemos tener una relación correcta con Él. Por medio de Jesús nuestros pecados son perdonados y somos reconciliados con Dios. Cuando somos reconciliados, todas las bendiciones por las cuales Jesús pagó el precio son derramadas sobre nosotros.

Pero eso no es todo. Jesús estableció una línea de comunicación entre Dios y el hombre. Una de las bendiciones básicas de esa nueva relación es la oración. Sin importar lo que yo esté haciendo, siempre oro. Mientras conduzco el auto, voy orando;

mientras llevo un montón de ropa sucia a la lavadora, voy orando.

La mayoría de nosotros apenas hemos tocado la punta de esas bendiciones porque no nos hemos abierto al Señor y al pleno significado de la reconciliación. A medida que nos abrimos a Jesús, el Espíritu Santo nos muestra las bendiciones que hay a nuestra disposición; es entonces cuando la sanidad nos inunda.

La reconciliación y las raíces de enfermedad

Ahora veamos la enfermedad: espiritual, emocional, mental y física. La enfermedad puede llegar a nosotros cuando estamos separados de Dios y encadenados por el pecado. El modo en que podemos librarnos de esa enfermedad es tener una relación correcta con Dios, ser limpiados del pecado personal en nuestra vida por medio del arrepentimiento.

Hay muchos tipos de enfermedad, pero las más siniestras se producen cuando las emociones se descontrolan. Cuando tratamos la enfermedad emocional, normalmente tenemos que retroceder años con el individuo para descubrir la primera ocasión o raíz de la enfermedad.

La ciencia ha revelado que desde el momento de la concepción, el niño tiene conciencia, incluso mientras está en el vientre. Por tanto, al orar con una persona con necesidades emocionales, puede que haya que orar por la sanidad de esos primeros recuerdos.

He aprendido que hay muy poco que yo pueda hacer para ayudar en el proceso de sanidad, y por eso simplemente llevo a la persona a que atraviese ese proceso con Jesús. Cuando la persona permite que Jesús comience la sanidad, el Espíritu Santo saca a la luz recuerdos de los que la persona puede que no fuese consciente. Eso se denomina *sanidad de recuerdos*.

Hay momentos en que Dios me da una imagen mientras ministro sanidad de recuerdos. Un día, mientras ministraba a una mujer que experimentaba una profunda angustia emocional, ella dijo que no tenía ni idea de por qué estaba sufriendo emocionalmente. Me dijo que su padre era alcohólico.

De repente, en el Espíritu, vi la imagen de una niña. Yo sabía que ella tenía cuatro años de edad y la veía sentada en mitad de una cama, gritando. Tenía cubierta su cara con sus brazos como si intentase ocultarse. A medida que yo describía los detalles de la escena a la mujer, de repente ella dijo: "¡Deténgase!".

"¿Qué sucedió en ese cuarto?", le pregunté.

Entonces ella recordó. Su padre estaba golpeando a su madre delante de ella, y ella se tapaba los ojos con sus brazos para evitar observar el cruel incidente. El recuerdo estaba enterrado tan profundamente en el subconsciente de la mujer, que creaba angustia y depresión emocional. Cuando finalmente salió a la luz, ella vio que Jesús estaba con ella, rodeándola con sus brazos y protegiéndola; también comenzó a entender que Él podía sanarla del sufrimiento emocional. Y Él lo hizo, ¡gloria a Dios!

Ella después me dijo que siempre había albergado malos sentimientos hacia su padre, pero nunca había entendido realmente por qué. Confesó que ella había seguido los pasos de su padre y se había convertido en una bebedora.

Después de que el Señor la liberase, ella sabía que el siguiente paso era acudir a su padre para ayudar a liberarle. Cuando ella compartió con él lo que el Señor había hecho en su vida, tuvo un impacto sorprendente. Él recibió su testimonio y eso condujo a su conversión y su rápido crecimiento espiritual.

Ella fue liberada de la dolorosa enfermedad emocional destructiva; tanto ella como su padre fueron liberados de la bebida. Todo eso sucedió porque Jesús sacó a la luz un trauma emocional que había estado con ella desde su niñez. ¡Eso es reconciliación!

Hay veces en que el sufrimiento emocional se deteriora y se convierte en enfermedades mentales. La mente entonces se vuelve atormentada por las emociones descontroladas. Esto puede ser causado por varias circunstancias: decepciones, malos recuerdos de la niñez y demasiadas demandas por parte de los padres.

Con frecuencia, los psiquiatras (en particular los psiquiatras llenos del Espíritu) pueden ayudar a la gente. Yo he trabajado con ellos para intentar ayudar a ciertas personas; pero recordemos que Dios es el Psiquiatra Maestro. Él creó la psique en cada persona; por tanto, Él sabe mejor que nadie cómo sanar nuestra mente.

El Espíritu Santo puede llevarle hasta el momento y el lugar donde las primeras semillas de enfermedad mental se sembraron. ¿Por qué? Porque Él estaba allí con usted. Puede que no fuera usted consciente de su presencia, pero Él estaba allí.

A menudo, cuando ministramos sanidad a personas con trastornos mentales, sus caras se iluminan y dicen: "Oh, Jesús me está hablando!".

A medida que regresan a sus recuerdos con Jesús, se encuentran en un estado sobrenatural en el cual Jesús les habla. Todo eso es posible por medio de la reconciliación que Jesús nos proporcionó.

Ahora veamos la relación que existe entre la reconciliación y la sanidad física. La necesidad de sanidad física resulta de la enfermedad que está en el mundo debido al pecado original y a la caída del hombre. Antes de ese momento, no había tal cosa como enfermedad.

Una causa de la enfermedad física es la desobediencia a Dios. El apóstol Pablo hizo hincapié en la relación entre enfermedad y desobediencia cuando escribió a los corintios:

> Por lo tanto, cualquiera que coma el pan o beba de la
> copa del Señor de manera indigna, será culpable de pecar

contra el cuerpo y la sangre del Señor. Así que cada uno debe examinarse a sí mismo antes de comer el pan y beber de la copa. Porque el que come y bebe sin discernir el cuerpo, come y bebe su propia condena. Por eso hay entre ustedes muchos débiles y enfermos, e incluso varios han muerto (1 Corintios 11:27-30).

Indigna sencillamente significa "pecado no confesado" en la vida de una persona. Así, la desobediencia a Dios cuando se permite que siga sin ser confesada, puede conducir a la enfermedad, la cual puede conducir a la muerte, incluso entre cristianos.

Otra causa de enfermedad física es el descuido del cuerpo. El Antiguo Testamento está lleno de enseñanzas sobre las leyes, que se aplican a la buena salud. Hay 436 de esos mandamientos, que se encuentran principalmente en los libros de Levítico y Deuteronomio.

El Nuevo Testamento también hace una clara declaración sobre cómo una persona debiera cuidar el cuerpo físico. Dice: *"¿No saben que ustedes son templo de Dios y que el Espíritu de Dios habita en ustedes? Si alguno destruye el templo de Dios, él mismo será destruido por Dios; porque el templo de Dios es sagrado, y ustedes son ese templo"* (1 Corintios 3:16-17).

Hay una clara relación entre el descuido del cuerpo y la enfermedad.

Uno de los peores abusos al cuerpo es el comer en exceso, lo cual conduce a tener sobrepeso. A medida que Bill y yo viajamos en el ministerio, con frecuencia nos encontramos con personas tan grandes que apenas pueden caminar. Algunas de ellas tienen problemas en las piernas, problemas en la espalda, trastornos en el estómago, problemas de corazón y elevada presión arterial. Es obvio que están abusando de sus cuerpos con el peso excesivo que transportan.

Ocasionalmente, una de esas queridas personas me dice: "Ore para que Dios quite este peso de mí".

Hemos visto suceder eso cuando Dios sanaba un trastorno emocional o físico que causaba el problema de la obesidad; pero normalmente yo le digo a la persona: "Lo siento, la mayoría de las veces Dios no lo hace de ese modo". Dios quiere que seamos disciplinados, por nuestro propio bien.

Hemos visto a personas con problemas de peso desarrollar una enfermedad emocional. Cuando tal enfermedad existe, es necesario descubrir la raíz. ¿Es temor, duda, ansiedad, mala autoimagen, inseguridad, o qué? Dios con frecuencia revela la raíz y comienza el proceso de sanidad.

La reconciliación y las maneras de sanar de Dios

Todas las sanidades son diferentes.

Hay ocasiones en que las personas son sanadas al instante; la sanidad es inmediata y todo encaja en su lugar adecuado. En mi caso, yo estaba tan cerca de la muerte que, si tenía que sobrevivir, Dios tenía que restaurarme inmediatamente.

La mayoría de las sanidades toman tiempo; pero muchas personas no entienden esto. Yo les he dicho a personas que han acudido a mí para recibir oración que su sanidad podría tomar algún tiempo. Con frecuencia, alguna de ellas me dice: "No quiero ser sanado de esa manera. Quiero ser sanado en este momento".

Mi respuesta es: "Puede que no sea sanado en absoluto si no está dispuesto a tomarlo de la manera en que el Señor lo da".

Estudiar la Palabra edifica su fe. Pablo les dijo a los romanos: *"Así que la fe es por el oír, y el oír, por la palabra de Dios"* (Romanos 10:17, RV-60). Cuando estudiamos la Palabra, nuestra fe aumenta y nos prepara mejor para recibir la sanidad.

Vaya en serio con Dios con respecto al pecado en su vida.

Ese pecado podría interponerse en el camino para que usted sea sanado. *Confiesen sus faltas los unos a los otros*, como nos indica Santiago, para que puedan ser sanados (véase Santiago 5:16).

Si usted tiene malos hábitos en su vida como fumar, beber o comer en exceso, pida a Dios que le ayude a rendirle esos hábitos a Él. Ore para que sean eliminados de su vida; Dios lo hará.

Un espíritu no perdonador puede cerrarnos a la sanidad. Si nos negamos a perdonar a alguien, nos apartamos del poder de Dios. Eso obra en contra de la reconciliación.

Cuando haya orado para ser sanado, asegúrese de mantener un buen equilibrio cuando reclame la sanidad. Hay equilibrio entre la confesión positiva "Soy sanado" y la confesión "Dios me está sanando".

Yo prefiero la segunda. ¿Por qué? Parece contraproducente decir que un dolor de cabeza es sanado cuando su cabeza le está estallando de dolor; o decir que es sanado de artritis cuando no puede abrir su mano ni mover sus dedos. Lo mismo es cierto cuando dice que es liberado del tabaco y sin embargo tiene un cigarrillo entre sus dedos, y sus pulmones están llenos de alquitrán y nicotina.

¿No es mucho más sabio decir "Dios me está sanando" o "Estoy siendo sanado"? Eso es mucho mejor, ya que muchas sanidades son progresivas.

El ministerio de Jesús incluía varios tipos de sanidades. Algunas eran instantáneas, y otras eran progresivas. Por ejemplo, cuando Jesús estaba en Betsaida, algunas personas le llevaron a un hombre ciego y le pidieron que tocase al hombre. Jesús tomó al ciego de la mano y le condujo fuera de la ciudad, donde aplicó saliva a los ojos del hombre; entonces Jesús preguntó al hombre si podía ver. El hombre miró y dijo que podía ver hombres caminando, pero que parecían árboles. En ese momento, Jesús puso otra vez sus manos sobre los ojos del hombre. Inmediatamente, los ojos del hombre fueron totalmente restaurados (véase Marcos 8:22-26).

Cuando Jesús le tocó por primera vez, el ciego podía haber gritado la confesión positiva: "¡Soy sano" ¡Soy sano". Pero no lo era.

Él estaba en el proceso de ser sanado. En realidad, la primera respuesta del ciego no fue positiva en absoluto. Dijo: "Veo a los hombres como árboles que caminan". Podría haberse ido corriendo y confesando: "Soy sano", y no haber sido nunca capaz de ver a los hombres como ninguna otra cosa sino árboles. Sin embargo, él esperó a que Jesús completara la sanidad y fue restaurado por completo.

Yo he visto a personas en estado lamentable decir: "Bien, según la Palabra de Dios, soy sano". Pero en sus corazones realmente no lo creían debido a que seguían teniendo la enfermedad en su cuerpo.

Eso tiende a hacer que las personas hagan juegos con Dios. Por tanto, yo digo: "Sigo teniendo la manifestación física de esa enfermedad, pero Dios me está sanando. Él me está llevando a la sanidad".

Crea que Dios está sanando su cuerpo desde el primer minuto en que usted se lo pide, pero asegúrese de haber eliminado todos los obstáculos a la reconciliación que pudieran dificultar la sanidad.

Cuando siga teniendo cada síntoma de su enfermedad, es mucho más emocionante decir: "Él me está sanando" que decir "Soy sano". Cada día notará usted un poco más de sanidad en su cuerpo hasta que esté totalmente bien.

Jesús mismo dijo: *"Por eso les digo: Crean que ya han recibido todo lo que estén pidiendo en oración, y lo obtendrán"* (Marcos 11:24).

Notemos que Jesús no dijo: "Ya lo tienen". En cambio, Él dijo: *"lo obtendrán"*. Recuerde que Dios quiere que usted camine en buena salud, y Jesús es la fuente de esa salud.

Confiese su incapacidad de sanarse a usted mismo. Eso realmente capta la atención de Dios y enfurece al diablo. Diga: "Yo no puedo hacer nada, Señor, así que dependo por completo de ti. Tú eres la fuente de mi sanidad; tú eres todo lo que tengo".

Otro beneficio de nuestra reconciliación es que podemos pedir a Dios que nos muestre la fuente de nuestra enfermedad. Él con frecuencia me muestra la causa de la enfermedad de otra persona. Cuando Él revela la fuente de una enfermedad, podemos seguir lo que Él nos diga que hagamos, y se producirá la sanidad.

Hágase su voluntad

Ha habido momentos en que Dios no me permitió orar por sanidad. Cuando mi padre se puso enfermo, fui a verle. Yo quería orar para que mi padre fuese sanado; una oración ya estaba en mi mente, algo parecido a lo siguiente: "Señor, deja que se quede con nosotros algunos años más"; o "Quizá, Señor, incluso durante una temporada, pero sánalo y permite que esté con nosotros un poco más".

Pero en el instante en que entré en su cuarto y me acerqué a su cama, el Señor dijo: "No digas esas palabras".

Comencé a orar y salieron de mi boca estas palabras: *"No se turbe vuestro corazón; creéis en Dios, creed también en mí"* (Juan 14:1, RV-60). Entonces no pude seguir; no podía recordar el resto de las palabras, aunque había enseñado de ese pasaje de la Escritura muchas veces.

De repente, cuando salimos del hospital para ir a casa, el resto del pasaje cruzó por mi mente:

> *En la casa de mi Padre muchas moradas hay; si así no fuera, yo os lo hubiera dicho; voy, pues, a preparar lugar para vosotros. Y si me fuere y os preparare lugar, vendré otra vez, y os tomaré a mí mismo, para que donde yo estoy, vosotros también estéis (Juan 14:2-3, RV-60).*

Después de llegar a casa, mi madre mencionó que yo no había orado para que mi padre fuese sanado. "No pudiste orar para que él fuese sanado, ¿verdad?", preguntó.

"No", respondí yo.

"Entonces él se va a ir y debo entregárselo al Señor", dijo ella. Más adelante aquella noche mientras orábamos juntas, mamá dijo: "Señor, no quiero renunciar a él, pero sé que tú le estás llamando a ti. Él siempre te ha pertenecido a ti, de todos modos. Pero te pido que te lo lleves rápidamente y sin dolor".

Al día siguiente mi padre hizo llamar al abogado de la familia para poder ocuparse de algunos asuntos de última hora. El médico nos dijo que podría no estar lo bastante despierto para hablar con su abogado.

Pero al día siguiente llegó el abogado y mi padre puso todo en orden. Él había vivido una vida plena y sabía que iba a partir. Murió poco después, rápidamente y sin dolor, tal como mamá había orado.

Después de que él muriese, yo dije: "Mamá, ¿no es hermoso? Ahora su cuerpo ya no está cansado. Ya no hay ninguna enfermedad, y papá está viendo todo el esplendor de Dios en el cielo".

¡Esa es la sanidad suprema!

Capítulo 12

CAMINAR EN VICTORIA

Ésta es la victoria que vence al mundo: nuestra fe.
¿Quién es el que vence al mundo sino
el que cree que Jesús es el Hijo de Dios?

(1 Juan 5:4-5)

¡El Señor me ha enseñado cómo permanecer libre! Cada noche antes de irme a la cama, le pido a Jesús que me muestre mi pecado de ese día, que me muestre cualquier sentimiento que haya entrado en mi corazón y que no debería estar ahí. Es increíble lo que el Señor me muestra.

Cuando comencé esta práctica, me encontré argumentando con el Señor: "Pero eso fue algo muy pequeño, Señor", decía después de que Él me revelara algún pecado. Son esos pequeños pecados los que se amontonan y forman grandes pecados. Ahora, cuando el Señor me muestra un supuesto "pecado pequeño", lo miro y digo: "Muy bien, Señor, lo pongo a los pies de la cruz y te pido que lo sanes en este momento".

Si hace usted eso diariamente, antes de irse a la cama, dormirá mucho mejor por la noche y se despertará a la mañana siguiente sintiéndose bien. Pero si permite que los pecados se acumulen, deberá pasar por una limpieza interior emocional para librarse de ellos. Recuerde: es mucho más fácil permanecer libre que tener que ser liberado.

Caminar en victoria tiene muchos subproductos maravillosos. El Señor demuestra su amor por nosotros mediante cosas buenas. Por ejemplo, recordará que durante las etapas finales de mi enfermedad terminal, yo con frecuencia vencía el dolor atroz imaginando que estaba en una montaña mirando a un pequeño río que había en el valle.

Casi podía oler las flores silvestres y sentir el aire limpio allí en mi cama. Bien, Dios más adelante me llevó al lugar exacto que, durante mi enfermedad, me había producido un alivio muy necesitado del dolor.

Un ministro y su esposa, buenos amigos nuestros, tenían una cabaña en las montañas de Nuevo México. Ellos me invitaron a ir con ellos a la cabaña durante unos días para descansar de los largos días y noches de ministerio. Bill tenía que trabajar y no podía ir, pero me animó a que fuese con ellos; así que fui.

Cuando llegamos a lo alto de la montaña, de repente me di cuenta: ¡ese era el lugar exacto que Dios me permitió ver durante mi enfermedad! Las flores silvestres y el pequeño riachuelo que había eran exactamente como Dios me los había mostrado anteriormente. Incluso las rocas eran iguales.

Sanidad y la Iglesia

A veces el Espíritu Santo me muestra las cadenas, las ataduras que Satanás utiliza para evitar que las personas tengan victoria. Muchos hijos de Dios dicen: "Fui sanado, pero Dios quitó la sanidad", o "Fui sanado, pero perdí mi sanidad". ¡Eso no es cierto! Dios nunca quitaría un don que Él haya dado a uno de sus hijos.

Lo cierto es que las personas se niegan a caminar en victoria y Satanás lleva otra vez enfermedad a sus vidas. Con frecuencia, ellos ni siquiera saben cómo hacer guerra espiritual a fin de guardarse contra eso. Caminar en victoria requiere poner nuestra vida en orden y establecer las prioridades adecuadas.

En primer lugar, debemos tener a Jesús como nuestro Salvador y Sanador. Entonces, debemos aceptar la plenitud que Él nos brinda mediante el Espíritu Santo. Cuando creemos y recibimos el bautismo en el Espíritu Santo, experimentamos esa maravillosa llenura. Sin ella, podemos recibir muy poco del Señor.

La sanidad corresponde a las iglesias; la liberación corresponde a las iglesias. Si esto fuese una realidad, no veríamos todas las extravagancias que existen en la actualidad en los ministerios de sanidad.

Aprendí con mucha rapidez lo que Dios quería decir cuando me dijo: "Mantén el equilibrio y educa a mi pueblo". Dios me ha dado una visión de ver a nuestras iglesias tan abiertas al Espíritu Santo que, los domingos en la mañana los ministros dirán: "¿Hay algún enfermo entre ustedes? Pasen al altar ahora; es momento de orar por los enfermos". Entonces, las personas en la congregación ungirán a los enfermos con aceite, orarán por ellos y serán sanados. Un día veremos suceder eso en nuestras iglesias.

Gloria a Dios por las iglesias locales donde la gente es sanada. ¡Que sigan aumentando!

Aprender a recibir o rechazar

¿No da miedo que nosotros los cristianos tengamos tantas ideas erróneas del Espíritu Santo? Él quiere sanarnos y hacer que vivamos con salud abundante, pero muchos de nosotros seguimos conociendo muy poco sobre Él y sobre su obra.

Así es como estoy aprendiendo a conocer a Jesús (y es muy hermoso): estudio con atención las Escrituras y leo todo acerca de Él. Entonces oro: "Muy bien, Señor, ponme donde tú estás".

Un día estaba orando en el teléfono con una mujer de

Florida. A medida que orábamos por algunos problemas que ella tenía, de repente le dije: "Tiene que ir al huerto de Getsemaní con Jesús. Tiene que estar allí con Él cuando los soldados le arrestan. Tiene que estar con Él en el patio donde le dan latigazos. Vaya con Él todo el camino hasta el Calvario".

Mientras orábamos, la llevé a seguir sus pasos de Jesús desde el huerto, con toda la agonía que Él pasó y la agonía que nosotros debemos pasar para conocerle. Es importante que estemos allí con Él mientras le golpean, destrozan su espalda y ponen la corona de espinas en su cabeza apretándola tan fuerte que salió sangre como ríos.

Después de una pausa, pregunté a la mujer por teléfono: "¿Ve cómo los adoquines de las calles destrozan sus pies?". En el Espíritu, pude ver que los adoquines tenían afiladas puntas que cortaban sus pies, porque le habían quitado las sandalias, dejándole descalzo. Vi sus huellas de sangre a lo largo de la calle de adoquines.

"Es así como aprende usted a Jesús", le dije a la mujer.

Ese sencillo ejercicio de estar con Jesús ayudó tanto a la mujer que sus problemas sencillamente parecieron desvanecerse. ¡Eso es caminar en victoria!

Jesús una vez les dijo a sus detractores: *"Erráis, ignorando las Escrituras y el poder de Dios"* (Mateo 22:29, RV-60). Eso nos habla a nosotros con mucha claridad en la actualidad. Conocemos las palabras que hay en nuestra Biblia, pero no lo que significan. ¿Cómo podemos saberlo a menos que tengamos la plenitud del Espíritu que nos haga ver la verdad de la Palabra?

Nuestro Señor también dijo: "No les dejaré. Enviaré otro Consolador. Y cuando Él venga conocerán la verdad. Él les enseñará la verdad" (véase Juan 14:16-18, 26; 15:26; 16:13).

Estamos comenzando a conocer y entender la verdad de

nuestro Dios. En ese entendimiento descubrimos que hay sanidad para el cuerpo, la mente y el espíritu.

Hace algún tiempo, concluimos un seminario de enseñanza de tres semanas sobre la sanidad. En la última noche del seminario, yo invité a cada persona que estaba allí a intercambiar las cenizas de su vida por la belleza de Jesús. Cuando aprendemos a hacer eso, caminamos en victoria.

Dios está llamando a su pueblo a ser fuerte. Él ha terminado de mimarnos. Habrá días malos por delante. Los débiles caerán a los lados; sólo los fuertes —los que caminan en victoria— permanecerán.

Desde un punto de vista físico, caminar en victoria significa no estar dispuesto a aceptar la enfermedad. Yo acepté mi enfermedad probablemente porque mi abuelo murió con una columna vertebral deteriorada y cáncer el año antes de que yo me pusiera enferma. Yo acepté la enfermedad en la espalda, pero seguía diciéndome: "No moriré como papá con cáncer".

Después de mi sanidad, un médico dijo; "Mire, Delores, nunca hemos entendido por qué no tuvo usted cáncer. Sus huesos y cada órgano de su cuerpo estaban maduros para el cáncer".

Entonces el Señor me llevó al entendimiento del porqué yo no tuve cáncer: yo no lo acepté. Estaba muriéndome en un estado mucho peor que el de mi abuelo, pero yo nunca acepté el cáncer. Cada vez que la palabra cáncer cruzaba por mi mente yo la rechazaba, sin saber en realidad lo que estaba haciendo.

Debemos aprender a rechazar lo que el enemigo intenta poner en nosotros, porque él es quien trae la enfermedad. Yo extendí mis manos al maligno y recibí la enfermedad de la espalda, el esófago herniado, las enfermedades del corazón, el riñón y los intestinos; pero no recibí el cáncer. Si usted resiste la enfermedad rechazándola, ¡a Satanás le resulta difícil ponerla en usted!

Si queremos caminar en victoria, también debemos guardar nuestras relaciones. Dios nos ayudará a establecer nuestras relaciones en su orden adecuado: en primer lugar está nuestra relación con Él; después está nuestra relación con la familia; en tercer lugar está nuestra relación con la autoridad; y finalmente, tenemos relaciones con las personas que conocemos en el supermercado o en la calle.

He descubierto que la caja en el supermercado es un lugar que crea una oportunidad para mostrar a la cajera el amor de Jesús. Sin embargo, ¿qué hace la mayoría de la gente? Se enojan porque la línea es muy larga y la cajera es lenta.

Tenemos días en los que nuestras actitudes sencillamente se vuelven locas porque somos humanos. La vieja naturaleza siempre quiere salirse con la suya, y cuando nuestras actitudes están mal, normalmente afectan a nuestros seres queridos. Cuando usted permite que una mala actitud continúe, su cuerpo comienza a sentir su efecto. Afecta a su mente y sus emociones; poco después, está usted enfermo. Todo ello debido a una mala actitud.

Desgraciadamente, nuestras malas actitudes a veces hacen que paguemos nuestro enojo, frustraciones y desengaños con nuestros hijos. ¿A quién puede escoger que no contraatacará? A sus hijos.

Puede sentirse tan frustrada que tenga ganas de pagarla con su esposo. Pero no se atreve a hacerlo. En cambio, su hijo está sentado allí, ocupándose de sus propios asuntos, y usted la emprende con él: un espectador inocente.

El esposo actúa de la misma manera cuando su actitud es mala. Por ejemplo, puede que tenga un problema en el trabajo; sus relaciones con los compañeros de trabajo puede que le tengan siempre en tensión; sin embargo, debe sonreír y ser cortés con ellos, a pesar de lo que realmente sienta. Lleno de enojo contenido, puede que tenga ganas de desahogarse con su familia. La esposa y los hijos reciben mucho abuso porque el esposo está tenso en el trabajo y llega a casa con malas actitudes.

Dios le dio a sus hijos para educarlos en amor. Él los puso en sus brazos para que ellos se sientan seguros; en cambio, cuando usted desahoga sus frustraciones con ellos, ellos tienden a crecer sintiéndose inseguros. Debido a lo que aprenden en el hogar, se vuelven propensos a desahogar sus frustraciones con sus propios hijos. Así, continúa un círculo vicioso.

La inseguridad entre los hijos con frecuencia conduce a todo tipo de problemas de disciplina. Esos problemas se desarrollan gradualmente hasta que un día se encuentra usted diciendo: "No sé porque este niño ha salido así".

Desahogar su mala actitud con sus hijos es una señal segura de que usted no está caminando en victoria. Es fácil sobreponerse a una actitud así. En el mismo instante en que su actitud comience a agriarse, comience a alabar al Señor por algo bueno que esté sucediendo en su vida. Saboree la presencia del Espíritu Santo; reprenda la actitud en el nombre de Jesús, y tome autoridad sobre ella. Si ofendió usted a algún miembro de la familia, pida perdón.

La enfermedad espiritual que resulta del pecado personal es otra barrera para caminar en victoria. Conozco a personas que una vez caminaron en victoria y, sin embargo, el pecado personal les alejó del Señor.

Con frecuencia, quienes están en el ministerio tienen temor a compartir con otra persona las dudas, temores y luchas en las relaciones que experimentan; sin embargo, la Biblia nunca intenta ocultar nada. Incluso los patriarcas y los santos son representados tal como realmente eran: hombres y mujeres con pies de barro, sujetos a toda tentación. Si le resulta difícil creerlo, vuelva a leer las historias de Adán, Abraham, Sara, David, Salomón, Simón Pedro y Juan Marcos.

La gente que nos rodea no es engañada. Ellos saben cuándo estamos fingiendo y no somos abiertos y sinceros con ellos.

Los hijos de Dios que quieren caminar en victoria deben aceptar los dones del Espíritu Santo que están a su disposición. Muchos nunca hacen eso. Por ejemplo, tengo confianza en que hay miles de personas que reciben el don de ciencia, y sin embargo tienen temor a ejercitarlo.

Durante un tiempo de oración o una reunión de adoración, puede que Dios revele que está sanando a alguien que está allí. La persona que recibe la palabra de ciencia tiene que proclamar la sanidad, o Satanás puede que intente arrebatarla antes de que la persona que está siendo sanada tenga la oportunidad de recibirla.

Algunas personas son perezosas, y eso hace que sean vacilantes con respecto a ministrar los dones. También está el temor a la presión de los demás. La gente con frecuencia no quiere ser acusada de ser demasiado religiosa. Satanás utiliza la presión de los demás, incluso dentro de la familia. Puede que una mujer piense: "¿Y si mi esposo cree que comienzo a proclamar sanidades?".

Caminar en el Espíritu

Caminar en victoria es sinónimo de caminar en el Espíritu. Es fácil ser llenos del Espíritu, pero es otro asunto caminar en el Espíritu, lo cual es mucho más importante. Y las personas con frecuencia confunden los dos conceptos.

Inmediatamente después de recibir el bautismo, la persona debería comenzar a devorar la Palabra de Dios. Haga un estudio por palabras sobre el Espíritu Santo. Descubra todo lo que pueda sobre la obra de Él en su vida. Entonces entenderá mejor lo que Él hace, su modo de operar y cuál es su ministerio. Cualquier concordancia de la Biblia le dará todas las referencias bíblicas relacionadas con Él. Usted aprenderá: quién es Él, cuándo vino, cómo obraba por medio de los profetas del Antiguo Testamento, y cómo vino a Jesús. También llegará a entender su disposición, la naturaleza de su influencia sobre la Iglesia y las maneras en que Él obra en la actualidad.

Después de su estudio por palabras sobre el Espíritu Santo, haga un estudio sobre Jesús. Cuando estudie el ministerio de Jesús, llegará a familiarizarse con la salvación, la sanidad, la liberación de espíritus inmundos y la sanidad interior de los quebrantados. También aprenderá cómo trató Él con personas como la mujer en el pozo (véase Juan 4). En lo profundo de su ser, ella tenía un corazón quebrantado; por eso cometió adulterio con tantos hombres. Jesús la sanó y ella se convirtió en un fuerte testigo de Él.

El Espíritu Santo continúa el ministerio de Jesús en la actualidad mediante su pueblo. Por tanto, a fin de entender la obra del Espíritu Santo, es importante que lleguemos a tener intimidad con Jesús. Muchas personas reciben el bautismo en el Espíritu Santo y, sin embargo, nunca entienden las implicaciones porque no tienen intimidad con Jesús. Sencillamente se lanzan a una aventura, y eso causa una mala impresión y aleja a otras personas del bautismo. Obtienen un lenguaje de oración y de inmediato intentan forzarlo en todas las personas con quienes se encuentran. Dios lleva a la gente al bautismo en su propio tiempo. No quiera forzar a la gente a tragárselo, pues no funciona de ese modo.

Cuando recibimos el bautismo en el Espíritu Santo, entonces debemos servir al Señor sirviendo a la gente. ¡No es sólo un grandioso tiempo de gloria! Yo veo a muchas personas que usan el bautismo sólo como tiempo de gloria, ¿pero entonces qué sucede? Tienen goteras. David dijo: *"... mi copa está rebosando"* (Salmo 23:5, RV-60). Pero algunas de nuestras copas tienen agujeros.

En una ocasión preguntaron a D. L. Moody por qué él buscaba repetidamente la llenura del Espíritu Santo. "Porque tengo muchas goteras", respondió él.

Somos como tamices espirituales. Somos humanos, y tenemos goteras; debemos ser rellenados. La gente no entiende esto, y va de reunión de milagros a reunión de milagros. Se emocionan cuando los ciegos ven, cuando los ojos caminan y cuando las personas son liberadas de espíritus inmundos; pero muchas de esas personas no cruzarán la calle para testificar a un vecino sobre Cristo, o para orar por un niño enfermo, ¡o para sentarse a oír una enseñanza! Entonces, un día, una persona así se encuentra en su casa sola; de repente, toda la emoción se ha ido y llega el desaliento.

¿Por qué? Porque no está establecida en la Palabra. Realmente no entiende a Jesús y al Espíritu Santo, ni tiene relación íntima con ellos.

Cada uno de nosotros está sujeto al desaliento, y la mayor parte del tiempo llega cuando estamos solos. Yo me desaliento a veces y tan sólo quiero correr a mi casa y cerrar la puerta; pero entonces me doy cuenta de que Jesús está allí conmigo, y eso me hace sentir bien. Sólo saber que puedo hablar con Él y decirle exactamente lo que hay en mi corazón —sabiendo que Él lo entenderá y me dará paz y amor—, ¡eso es caminar en victoria!

También hay personas que quieren los dones del Espíritu pero no el fruto del Espíritu. Si no queremos desarrollar el fruto, entonces olvidemos los dones. He visto a personas que recibieron los dones antes que aprender sobre el fruto. Eso es triste, pues nos perdurará. ¿Por qué? Porque el fruto del Espíritu es las características de Jesús.

Recuerde: si está usted establecido en la Palabra, puede

emocionarse igualmente por la presencia del Señor mientras conduce por la autopista en su vehículo o cuando está en alguna reunión estupenda de milagros.

Permita que comparta un pequeño secreto: no me gusta una casa desordenada.

Nuestro Chris estaba trabajando en una tarea y se ensució de verdad. Después de tomar un baño, la bañera quedaba siempre negra. Aunque le alentábamos a que la limpiara, al igual que la mayoría de los muchachos, rara vez lo recordaba. Normalmente se quedaba para que mamá la limpiase. ¿Le resulta familiar?

Yo miraba a esa sucia y negra bañera, y refunfuñaba. Entonces me enojaba y pensaba: "¿Por qué tengo que limpiar yo esta bañera sucia? Él no agradece nada de lo que yo hago. ¿Qué le pasa a este muchacho? Nadie me agradece".

Afortunadamente, aprendí que cuando suceden cosas como esa, podía comenzar a alabar al Señor. Entendí eso, en lugar de meterme a mí misma en un alboroto. Podía comenzar a decir: "Gracias, Jesús, porque Chris está sano. Gracias, Jesús, porque él no está en algún lugar consumiendo drogas". ¿Sabe? Cuando hacía eso, era fácil limpiar la negra y sucia bañera.

El secreto está en alabar a Dios en lugar de mirar solamente la tarea que tenemos delante; pero eso fue algo que Dios tuvo que enseñarme. Había veces en que yo refunfuñaba y me mantenía irritada durante horas por la bañera.

Satanás es astuto y utiliza situaciones en la casa para abrir una brecha entre los seres queridos. Recuerde que Satanás ataca su mente. Si su mente está centrada en Jesús, puede usted rechazar el ataque.

Las personas son muy temerosas en la actualidad; Satanás las tiene atadas en temor, y el temor evita que muchas personas reciban la plenitud del Espíritu Santo. Cuando mantenemos nuestra mente en Jesús, somos libres del temor.

Satanás torcerá la Palabra de Dios para que las personas no puedan ver las cosas como realmente son en las Escrituras. Cada mañana, el cristiano debería orar: "Señor, revela lo que tengas para mí hoy", y después aceptar lo que Dios revele. El temor se va cuando caminamos en la revelación de Dios.

Hay muchas personas que corren de un lado a otro llevando a otros al bautismo del Espíritu Santo, sin tomar nunca el tiempo para establecerlos en la fe y sin ayudarles nunca a que aprendan a caminar en el Espíritu.

Nosotros los cristianos intentamos complicarlo todo. Oh, ¡si estuviéramos satisfechos con las maneras claras en que Jesús quiere enseñarnos! Es muy sencillo. Cuando nos despertamos en la mañana podemos decir: "Buenos días, Señor. Dame la fortaleza y la sabiduría para hacer lo que tú quieres que haga hoy". Esa es mi primera oración cada mañana.

Si todo aquel que haya entrado en el bautismo y la plenitud del Espíritu comenzase su día con una oración como esa, muchas personas acudirían a Jesús. En cambio, muchos están desalentados y dicen: "Oh, tengo que quedarme en casa todo el día. Tengo hijos de los que ocuparme". Dios puede ser tan real para una mamá que está en casa cuidando de sus hijos como para el evangelista que está en una estupenda reunión de milagros.

Recuerde: Pedro predicó en Pentecostés y 3000 personas fueron salvas, pero pasó la mayoría de su tiempo enseñando en pequeñas iglesias, ayudando a crecer a los cristianos. Pablo era muy similar; él hablaba sobre la paciencia necesaria para ayudar a crecer a los nuevos cristianos. A mí me gusta enseñar a individuos y a pequeños grupos.

Todo el tiempo de gloria es estupendo: en su momento adecuado, pero es sólo la punta del iceberg. El elemento esencial en la fe cristiana es el crecimiento.

Victoria en el testimonio

Caminar en victoria también significa testificar de nuestra fe. No tenemos que obligar a nadie a aceptar a Jesús; eso no funciona. Jesús nunca forzaba a nadie. Llegará un momento en que usted se esté tomando un café con un vecino que tenga un dolor de cabeza, o que le duela un brazo, una pierna o la espalda. Usted puede decir: "Mira, yo creo que Jesús es nuestro Sanador. Me gustaría orar por ti para que Él se lleve ese dolor y te sane".

Es así de sencillo. Usted puede llevar a alguien a Jesús por medio de la oración por un dolor de cabeza. Sólo ore y déjelo así. A menos que algo drástico esté causando la enfermedad, Dios lo sanará de inmediato, como testimonio.

Un par de días después, esa persona le verá y le dirá: "Oye, cuando oraste por mí, mi dolor de cabeza desapareció".

Usted puede responder de modo casual: "Sí, lo sé. El Señor hace eso. Oramos por cosas así todo el tiempo".

Por tanto, usted ha abierto una puerta por medio de la cual Jesús puede entrar en la vida de esa persona. Entonces puede usted abrir la Biblia y mostrar a la persona cómo ser salva y llena del Espíritu Santo.

Usted camina en victoria cuando guarda su mente. El Señor renueva su mente a medida que usted la mantiene fija en Él. Él continúa perdonando sus pecados, y le limpia dejándole tan blanco como la nieve. Él cubre toda su culpabilidad en su sangre y no recuerda más su pecado.

¡Eso es caminar en victoria!

EL MINISTERIO DE
LOS WINDER

Delores y Bill Winder son siervos humildes y obedientes del Señor. Su llamado ministerial es principalmente a la iglesia denominacional. Su meta es cumplir la Gran Comisión, haciendo discípulos según el mandamiento de Jesús.

La marca de su ministerio es señalar continuamente a las personas hacia Jesús como Aquel que suple sus necesidades. Cuando el Señor sana a personas en sus reuniones, los Winder piden a las personas que se giren y oren por la sanidad de otros.

Bill y Delores siempre han subrayado que el caminar del cristiano es una relación con el Señor vivo. Solamente observarlos en el ministerio y ver el fruto producido a través de ellos por el Espíritu Santo es amplia evidencia de que ellos practican esa relación. Su obediencia al Señor Jesucristo sigue siendo un poderoso testimonio para muchos.

Las siguientes oraciones son elevadas por Delores para ayudar a cualquiera que desee tener comunión con Jesús o rendirse más plenamente a Él.

Oración para recibir salvación

Señor, te pido que vengas a mi vida. Confieso que soy pecador y no puedo salvarme a mí mismo. Tú eres el

Hijo de Dios que vino para perdonar mis pecados y para darme vida eterna. Acepto tu sacrificio por mí en la cruz y tu resurrección de la muerte. Gracias por tu amor por mí. Te doy mi vida para que tú la controles el resto de mis días. Te entrego mi vida a ti. (Lea Isaías 1:18 y Juan 3:16).

Oración para recibir el bautismo del Espíritu Santo

Jesús le bautizará con el Espíritu Santo y fuego (véase Mateo 3:11). El Espíritu Santo viene cuando aceptamos a Jesús como Salvador, pero necesitamos pedir ser llenos y capacitados por Él. Se le llama nuestro Ayudador, el Espíritu de Verdad que nos enseña toda la verdad.

Señor Jesús, lléname con el Espíritu Santo. Te doy el control de mi vida. Capacítame para ser tu testigo y hacer la obra de un discípulo. Espíritu Santo, que tus dones fluyan por medio de mí, y ayúdame a dar mucho fruto para que el Reino de Dios avance. Gracias, Señor Jesús.

Referencias:

Juan 15:26-27: Ayudador (Consolador), Espíritu de Verdad

Hechos 1:8: Capacidad para testificar

Gálatas 5:22-23: Fruto del Espíritu

Romanos 12:6-8; 1 Corintios 12:7-10: Dones del Espíritu

De izquierda a derecha: Jean Hunter, Nashville, TN: Tumores en la cabeza, cuatro años de enfermedad, no podía hacerse nada más. ¡Sanada instantáneamente el 11 de febrero de 1987! Steve Bramham, Kinnesaw, GA: Graves problemas de espalda durante 14 años, cirugías, dolor constante. Le dieron su silla de ruedas en V.A. el día antes de su sanidad; no podía hacerse nada más. ¡Sanado instantáneamente el 5 de junio de 1999! Betty Rambin, Shreveport, LA: Tres tipos de cáncer no tratable. Enfermera, esposa de un pastor bautista del sur retirado. ¡Victoriosamente sanada!

Dios sanó a este joven, paralítico desde que tenía cinco años de edad, durante un viaje ministerial de los Winder a Nueva Zelanda.

A mi izquierda, el reverendo Norman Dyer y esposa, que estaban allí la noche en que yo fui sanada. ¡Grandes amigos! Ellos siguieron nuestro ministerio y siguieron asombrándose por la obra del Espíritu Santo. Norman está ya con el Señor. (Fotografía tomada en 1988).

Andrea, Amanda, Bridget y Chris Winder.

Delores alienta a los creyentes a que oren los unos por los otros y recibe "palabras de conocimiento" sobre las necesidades de oración de las personas.

Fellowship Foundation, Inc.
Bill & Delores Winder Ministry
P.O. Box 19370
Shreveport, LA 71149-0370

APÉNDICE

[El siguiente es el capítulo 10 de *Real Miracles*, un libro escrito por H. Richard Casdorph, M.D., Ph.D., F.A.C.P. Está reimpreso con el amable permiso de Bridge-Logos, Orlando, Florida USA (1-800-631-5802)].

*Osteoporosis de toda la columna vertebral
con dolor intratable que requirió cordotomías bilaterales*
Delores Winder

Delores Winder era una presbiteriana dedicada, y con mucha renuencia pensó en asistir a una convención metodista sobre el Espíritu Santo programada para el 30 agosto de 1975.

Kathryn Kuhlman, a quien ella nunca había visto en la televisión porque no creía en ese tipo de sanidad, iba a ser la oradora. Pero una amiga le preguntó: "¿Y si estás manteniendo cerrada una puerta?". Fue entonces cuando ella oró al respecto y decidió que debía ir.

La Srta. Kuhlman habló sobre la presencia del Espíritu Santo y su capacidad de hacer cualquier cosa. Entonces ella oró, y Delores se dio cuenta de que sus piernas le ardían. La sensación la dejó asombrada debido a sus cordotomías bilaterales, las cuales se habían realizado para aliviar el dolor en su columna vertebral y sus extremidades inferiores, y le habían dejado sin ninguna sensación en las piernas. Pero ella lo dejó fuera de su mente.

Cuando la Srta. Kuhlman oró con alguien que estaba en la plataforma y la persona cayó al piso, los recelos de Delores quedaron confirmados. Se preguntaba por qué, si la reunión había sido tan hermosa, la Srta. Kuhlman tenía que estropearla con tales demostraciones teatrales. Ella se giró a su amiga: "Vámonos". Antes de que su amiga pudiera responder, un extraño preguntó a Delores por qué llevaba un collarín. "Me duele el cuello".

"Algo está sucediendo, ¿verdad?".

"Bueno, mis piernas me arden mucho".

"¿Quiere hablar más al respecto?".

"Sí, fuera".

Por tanto, él ayudó a Delores a levantarse y comenzaron a salir del edificio. Él le preguntó sobre sus cirugías, y ella mencionó casualmente que le habían realizado cuatro fusiones espinales y dos cordotomías. Ella esperaba que él le preguntase qué era una cordotomía, pero, en cambio, él subrayó: "Y le arden las piernas. ¿No es extraño eso?".

Cuando llegaron a la parte trasera del auditorio, él le dijo a Delores que podía quitarse su férula de escayola si quería. Delores había llevado una férula de escayola durante catorce años. Ella empezó a poner objeciones, pero tenía la sospecha de que él sabía algo que ella no sabía. Aceptó su consejo, y él la acompañó a regresar al auditorio, donde la Srta. Kuhlman les pidió que pasaran a la plataforma. Fue entonces cuando ella supo quién era aquel misterioso extraño: el Dr. Richard

Owellen, de la facultad de medicina John Hopkins, un leal amigo y colaborador de la Srta. Kuhlman.

Dejaré que Delores continúe la historia en este punto:

En ningún momento creí que eso fuese posible; sin embargo, no tenía ningún dolor. Estaba caminando sin mi férula de escayola; y hasta me había librado de mi dolor de cabeza y podía sentir mis piernas. Era totalmente fantástico para mí. Mi mente me daba vueltas y no estaba segura de nada. Mi hijo me había dicho antes de irme que yo sería sanada, pero yo había descartado incluso la posibilidad de que tal cosa sucediera.

Cuando la Srta. Kuhlman me tocó, estaba segura de que no me caería, pero lo hice. Dos semanas después en la ciudad de Oklahoma, ella me tocó de nuevo y sentí como si me hubieran quitado tapones de la planta de mis pies y todo saliera de mí. Fue como estar rodeada por los brazos de un gran amor. Mi esposo y mi hijo también eran conscientes de eso. En el camino de regreso a casa, pasaban por mi mente palabras ininteligibles. Cuando agarré mi Biblia después de aquello, era como si nunca antes la hubiera leído. Comencé a saber cosas que no tenía manera alguna de conocer. Tenía sentimientos sobre personas o sobre algo que yo debiera hacer y que no tenía sentido; sin embargo, cuando hice lo que esos sentimientos sugerían, pronto descubrí la razón.

Ahora hablo regularmente en iglesias y nunca sé lo que voy a decir; tan sólo oro. Él dice las palabras y, hasta aquí, ha ido bien. Sigue sin gustarme la publicidad, pero una persona sabia me dijo: "Tú eres el envoltorio en el que Dios puso un milagro, y la gente necesita ver el envoltorio".

Delores Winder sosteniendo la férula de
escayola que había llevado durante los
últimos 18 meses anteriores a su sanidad.
Había llevado siete férulas en los 14 años
anteriores. En su mano derecha está su
collarín.

El historial médico de la Sra. Winder con sus propias palabras es el siguiente:

*Entre enero de 1957 y agosto de 1972 me habían reali-
zado cuatro fusiones de espalda (lumbar inferior), otra
operación para quitar espuelas por la fusión y dos cordotomías. La primera fusión se realizó para corregir tres*

vértebras deformadas y la escoliosis. Duró tres años, y después se rompió. Regresé al mismo cirujano y me realizaron la segunda fusión. No pasó mucho tiempo antes de que volviera a tener más problemas. En 1964 tuvieron que quitarme dos clavos. Entonces pasé mucho tiempo en cama y llevando una férula de escayola. Mi médico me inyectaba novocaína en la espalda junto con analgésicos. En 1966 fui hospitalizada. Después de hacerme rayos X y consultar con un especialista en medicina interna, diagnosticaron mi problema como pseudoartrosis y osteoporosis.

El doctor decidió realizar una fusión frontal (la fusión frontal llega a la columna vertebral desde la parte delantera por medio del abdomen en lugar de hacerlo por la espalda) esperando que hubiera menos presión y que durase. Duró aproximadamente 18 meses. Entonces realizaron la primera cordotomía percutánea. Se hizo en el lado derecho y al nivel del cuello. Después de un tiempo, la fusión se rompió otra vez y realizaron la cuarta fusión.

Entonces, en 1972, me realizaron la segunda cordotomía (para el otro lado del cuerpo). Podía hacerse solamente un poco por encima del nivel de la cintura porque mis pulmones no eran lo bastante fuertes para que se realizara más arriba. Yo seguía teniendo mucho dolor por encima de ese nivel y, en 1973, me caí. Aquello comenzó el problema en mi cuello y en mi hombro izquierdo, y tuvieron que ponerme un collarín. Tenía fuertes dolores de cabeza y no podía girar mi cabeza. Me dolía tanto el hombro que cuando el médico me examinaba, no podía aplicar mucha presión sobre él hasta después de mi sanidad.

Tomaba medicamentos para el dolor, tranquilizantes y al menos otras seis medicinas en aquel momento. También *hubo complicaciones. Tomaba también medicamentos para el riñón, el estómago, la baja presión sanguínea y enfermedades en los intestinos. Además, tenía una hernia de esófago. Después de mi caída en 1973 no pudieron estabilizar mi salud general.*

En enero de 1975 el neurocirujano realizó otro mielograma y me dijo que no podía hacerse nada más, pero que yo viviría más tiempo quedándome en cama y permaneciendo quieta. Antes de eso, sólo me permitían salir de la cama durante tres horas al día, una hora cada vez. Después de mucha oración, mi esposo y yo decidimos que debería seguir levantada tanto como pudiera resistir. Yo me estaba debilitando cada vez más, pero no quería que mi hijo de 14 años me recordase en una cama de hospital.

Documentación médica

Tengo un montón de informes médicos sobre esta señora, que documentan su historia, y aquí sólo los resumiré brevemente. Las cordotomías normalmente están reservadas para pacientes con cáncer y dolor extremo. Solamente eso debería ilustrar que ella no exagera la gravedad de su enfermedad.

En resumen:

1) Fusión de columna lumbar, 1957, con injertos de hueso de tibia. Fusión espinal en la tercera, cuarta y quinta vértebras lumbares.

2) Fusión espinal repetida con injertos de hueso de tibia, 1961, debido a un traumatismo cuando la paciente se rompió el primer injerto.

3) En 1965 la paciente tuvo escisión de procesos espinales que se creía que contribuían al dolor. Se

vio que el injerto estaba en buen estado en este
momento.

4) En 1967 la paciente se sometió a una fusión intercorporal anterior L-3-4, L-4-5, L-5-S-1.

5) En 1968 se realizó una cordotomía percutánea después de haber continuado con dolor severo. Se hizo
en Dallas, Texas, en el hospital Parkland Memorial
para aliviar el dolor del lado derecho. Los médicos
consideraron la intervención muy exitosa.

6) En 1970 la paciente pasó por una cuarta fusión
de la columna lumbar debido a dolor recurrente.
La paciente siguió teniendo dolor. Se le proporcionaron dos férulas de escayola y plástico y tomó
varias pastillas de Talwin al día, y ocasionalmente
se le inyectó Talwin para aliviar el dolor.

7) En agosto de 1972 la paciente sufrió una segunda
cordotomía percutánea a nivel de C-6 y C-7, con
bastante alivio del dolor. Esta se realizó para aliviar
el dolor del lado izquierdo del cuerpo, y eliminó
también toda sensación en la parte izquierda hasta
el nivel de la cintura. Esta intervención se hizo en
Fort Worth, Texas.

Desgraciadamente, la paciente tuvo dolor recurrente en otras
partes de su cuerpo incluso después de las cordotomías, y quedó
con la sensación alterada y disminuida en las extremidades inferiores. Tuvo un curso con deterioro gradual, tal como se des-
cribe en su testimonio, hasta el momento de su sanidad. Desde
ese momento, ella ha estado llevando una vida completamente
normal sin medicación, ni prótesis, ni férula corporal. Los diag-
nósticos médicos en este caso incluyen:

1) Osteoporosis generalizada de la columna vertebral.

2) Pseudoartrosis de la columna vertebral.

3) Dolor severo persistente que requirió cordotomía percutánea bilateral para aliviarlo.

4) 4 fusiones y laminectomía.

5) Traumatismo de hombro derecho y cuello con dolor.

Los informes médicos indican que a pesar de las cordotomías bilaterales, una cirugía extrema, la paciente fue sufriendo gradualmente dolor recurrente en la parte baja de la espalda, el cuello y los hombros, requiriendo inyecciones para alivio local del dolor. Los informes indican que esa incomodidad iba empeorando progresivamente, y no estaba relacionada a traumatismo o actividad en exceso.

Según los informes médicos de fecha 22 de mayo de 1974, ella tomaba Percodan, o Phenergan, y Talwin. Ella iba perdiendo peso, se manejaba mal y tenían que ayudarla a sentarse y levantarse de la mesa. Tenía un movimiento restringido en la parte baja de su espalda con incomodidad localizada.

La última nota en los informes médicos antes de su sanidad tiene fecha de 6 de agosto de 1975. Su médico subrayó que ella no tenía buen aspecto; ella se sentía mal, y estaba deprimida con molestias en la espalda al nivel de D-6-7. Tenía las uñas quebradizas, y también tenía una zona ulcerada en la parte baja de la espalda, donde la férula irritaba la piel.

La última nota en su historial clínico se registró, después de su sanidad, el 3 de septiembre de 1975. El médico comentó que la paciente había experimentado cierta clase de "sanidad de fe" y aparentemente "había obtenido un excelente resultado físicamente y... emocionalmente... Su faja... ya no encaja porque su postura se mantiene mucho más derecha". Él pensaba que la sensación en sus pies no era muy normal, pero que su espalda tenía más movilidad, su cuello y sus hombros estaban mejor, y los signos físicos en el examen de su pierna eran negativos.

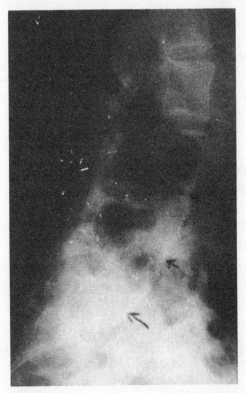

Estos rayos X de la columna lumbar de Delores Winder se obtuvo el 15 de enero de 1975. El radiólogo interpretó que mostraba osteoporosis moderada (es decir, disminución de la cantidad de calcio y proteínas en los huesos). Las flechas en la parte frontal o anterior de la columna lumbar muestran enfermedad en los discos y los lugares de la fusión intercorporal anterior; es decir, la fusión de la parte anterior o frontal de la columna lumbar.

La Sra. Winder reconoció que después de su sanidad el 30 de agosto de 1975, sí tenía un ligero adormecimiento residual en la parte frontal de la zona de las caderas, y sensación de ardor en las zonas posteriores de la cadera. Sin embargo, después de que la Srta. Kuhlman orase por ella y ella cayese al piso, toda la sensación fue normal, y desde entonces ella no ha tenido dolor.

- Para aliviar o al menos controlar el severo e incapacitante dolor que la paciente experimentó durante muchos años, los médicos eligieron emplear una técnica ablativa quirúrgica conocida como cordotomía percutánea. Ya que ésta es una técnica poco usual, sobre la cual el lector puede que no sea consciente, a continuación presentamos la breve descripción de la cordotomía.

Cordotomía espinal para el alivio del dolor intratable e incapacitante

La cordotomía espinal (literalmente, cortar la médula espinal) es particularmente útil para el alivio del dolor generalizado en el tronco y las extremidades. Es especialmente útil cuando el dolor se origina desde las regiones torácica o abdominal. Los cirujanos cortan la parte de la médula espinal contraria al lado del dolor en el cuadrante anterolateral, al menos seis segmentos de médula por encima del origen del nivel del dolor.

La analgesia (alivio del dolor) resultante de una cordotomía cubre la mitad contraria del cuerpo comenzando varios segmentos por debajo del punto en el cual se corta la médula. Para una eliminación completa del dolor, debe cortarse por completo el tracto espinotalámico lateral. Cualquier cosa menos que eso, podría resultar en que el dolor persistiera. Delores Winder sufrió una cordotomía percutánea cervical. Eso significa que en lugar de abrirla quirúrgicamente, los médicos insertaron una aguja por la piel hasta llegar a la médula espinal a fin de interrumpir los tractos espinotalámicos. Esta técnica fue introducida por Mullan en 1963, y ha demostrado ser útil en pacientes que no podrían soportar los rigores de la cirugía convencional de la columna vertebral.

Ya que esta técnica no permite que el cirujano vea lo que está haciendo, se utilizan rayos X para guiar una aguja hasta el cuadrante anterolateral de la médula espinal, normalmente entre la primera y la segunda vértebras cervicales. Puede utilizarse estimulación eléctrica para comprobar la localización de la punta de la aguja dentro de la columna vertebral.

El tracto espinotalámico lateral puede ser coagulado por medio de una corriente eléctrica de alta frecuencia. Sin embargo, sigue siendo una operación a ciegas, y el cirujano debe tener mucho cuidado de no producir la lesión en el lugar equivocado y causar así un déficit neurológico adicional, como una parálisis. Un riesgo de la técnica percutánea es que las lesiones en la parte alta de la médula cervical pueden interferir en la respiración. La cordotomía percutánea se aplica más comúnmente a pacientes de poco riesgo que tienen una breve esperanza de vida.

Consideraciones anatómicas

La cordotomía se basa en un conocimiento anatómico y fisiológico preciso. Las fibras que llevan dolor al cerebro entran en la columna vertebral, ascienden unos cuantos segmentos, cruzan la línea central y forman el tracto anterolateral. Debido a que aproximadamente el noventa por ciento de las fibras del dolor cruzan, una cordotomía realizada en un lado de la médula espinal suprime el dolor en el lado contrario del cuerpo.

El tracto anterolateral (espinotalámico) tiende a estar segmentado: por una parte las fibras sacrales periféricamente cerca del ecuador, y por otra las fibras torácicas y cervicales situadas más hacia la parte anterior y media. El ligamento dentado, que sostiene la médula espinal, está entre el tracto motor corticoespinal posteriormente (detrás) y el tracto sensorial anterolateral anteriormente (delante). Así que, si conocemos la posición del ligamento dentado, también podemos determinar la posición del tracto anterolateral.

Técnica de la cordotomía percutánea cervical

El paciente es sedado y es situado bocabajo con su cabeza apoyada y fijada en un soporte. Se inserta una aguja espinal entre la primera y la segunda vértebras cervicales por debajo del proceso mastoideo bajo anestesia local y se obtiene líquido céfaloraquídeo. Se inyecta una emulsión de yodofendilato, que se sitúa en el ligamento dentado, el cual aparece como una línea transversal en la radiografía. El borde anterior de la médula normalmente también se ve. La punta de la aguja espinal se sitúa entonces a dos milímetros delante del ligamento dentado elevando el centro; en otras palabras, señala al tracto anterolateral. La profundidad de penetración se comprueba mediante una radiografía anterolateral.

Estudios de estimulación y coagulación

Después de eso, se realizan estudios de estimulación con una corriente eléctrica adecuada. Si el electrodo está correctamente situado en el tracto anterolateral, la estimulación producirá parestesias (sensación de hormigueo) en el lado contrario del cuerpo, de las cuales el paciente puede informar. Si el electrodo está situado incorrectamente en el tracto motor, causará movimiento del cuerpo en el mismo lado. Si el electrodo está situado en las células del asta anterior, entonces se producirá movimiento de los músculos del cuello en el mismo lado.

Cuando el electrodo está en la posición correcta, el tracto anterolateral (espinotalámico) es coagulado. Una corriente de radiofrecuencia produce una lesión por calor. Cada generador de lesión tiene que estar estandarizado para producir una lesión de unos veinte milímetros cuadrados en unos treinta segundos.

Durante y entre la coagulación, los médicos comprueban la función motora del paciente. Si detectan la menor sugerencia de debilidad motora, la operación se detiene. También, entre coagulaciones, prueban la reducción de dolor en el lado contrario del cuerpo pinchando con alfileres.

En resumen, la cordotomía percutánea cervical es una técnica que se aplica para aliviar el dolor en pacientes que tienen dolor incapacitante. Normalmente se aplica a pacientes con cáncer terminal, aunque en ocasiones también se realiza a otros, como Delores Winder, que sufren dolor crónico, agudo e incapacitante.*

Comentarios

La Sra. Delores Winder nos presenta un inusual caso de dolor agudo, crónico e incapacitante después de la osteoporosis, el cual sus médicos intentaron aliviar mediante cinco operaciones espinales diferentes. Con desesperación recurrieron a una cordotomía percutánea bilateral.

Los síntomas de esta paciente habían comenzado a principios de 1957. Después de 1962 había llevado una férula de escayola

---

* El Dr. Anselmo Pineda, M.D., F.A.C.S., fue muy amable al revisar este capítulo con especial atención a la parte que habla de la cordotomía espinal para el control del dolor. El Dr. Pineda es diplomado de la Junta Americana de Neurocirugía, y es generalmente considerado una autoridad en el campo de los problemas de control del dolor mediante el uso de varias técnicas neuroquirúrgicas, incluyendo la implantación de neuromarcapasos.

completa o una férula de algún tipo. La mayor parte del tiempo era una férula de todo el cuerpo, aunque en el momento de su sanidad llevaba una férula de escayola y plástico más ligera.

Aunque ella no creía en la sanidad milagrosa instantánea, asistió a una conferencia de la Srta. Kuhlman en Dallas el día 30 de agosto de 1975. Fue milagrosamente sanada, comenzando con una sensación de calor en las dos extremidades inferiores desde los muslos hacia abajo.

Ha recuperado la plena salud, ya no llevan ninguna férula ni ningún apoyo, no toma ningún medicamento y tiene sensaciones totalmente normales en las extremidades inferiores. Esto es inusual porque los tractos nerviosos espinotalámicos en la médula espinal habían sido interrumpidos a ambos lados y, en tales casos, el consiguiente adormecimiento normalmente es permanente.

Delores no disfruta de estar delante del público "como lo ha estado frecuentemente desde su sanidad", pero proclama obedientemente el poder de Dios para obrar milagros a medida que aprende a caminar en el Espíritu.

Sanidades que yo he experimentado

_____

_____

_____

_____

_____

_____

_____

_____

_____

_____

_____

_____

SANIDADES QUE OTROS HAN EXPERIMENTADO

_____

_____

_____

_____

_____

_____

_____

_____

_____

_____

_____

_____

_____

_____

_____

_____

_____

_____

_____

_____

_____

_____

_____

_____

_____

_____

_____

_____

_____